Le grand livre de l'Italie

Terre de lumière et de patrimoine

EDITIONS ESI

Introduction

Pays d'art et d'histoire depuis des millénaires, l'Italie fascine par son patrimoine foisonnant et ses paysages à la magie sans cesse renouvelée.

Des canaux de Venise aux nobles cyprès toscans, des côtes sauvages de la Sardaigne à la douceur colorée du Ponte Vecchio de Florence, *Le Grand Livre de l'Italie* vous invite à partager l'atmosphère si particulière des villes italiennes et du soleil éclatant des campagnes qui leur servent d'écrin.

LIECHTENSTEIN
AUTRICHE
HONGRIE
SUISSE
ALPES
SLOVÉNIE
SERBIE
CROATIE
BOSNIE-
HERZÉGOVINE
FRANCE
MONTÉNÉGRO
MER LIGURIENNE
MER ADRIATIQUE
Corse
(France)
Sardaigne
MER TYRRHÉNIENNE
Sicile
Détroit
de Sicile
MER IONIENNE
Détroit de Malte
MALTE
ALGÉRIE
TUNISIE
MER MÉDITERRANÉE
LOMBARDIE
VÉNÉTIE
PIÉMONT
ÉMILIE-ROMAGNE
TOSCANE
MARCHES
OMBRIE
LATIUM
ABRUZZES
CAMPANIE
POUILLES
BASILICATE
CALABRE
SAINT-MARIN
Milan
Turin
Venise
Gênes
Bologne
Florence
ROME
VATICAN
Naples
Bari
Palerme
Cagliari
Trieste
Trente
Vérone
Pise
Livourne
Pérouse
Ancône
Pescara
L'Aquila
Foggia
Tarente
Lecce
Messine
Catane
Catanzaro
Sassari
Oristano
Golfe de Gênes
Golfe de Venise
Golfe de Torente
Etna

Sommaire

Abruzzes et Molise

Basilicate

Calabre

Campanie

Émilie-Romagne

Frioul-Vénétie julienne et Vénétie

Latium

Ligurie

Lombardie

Marches

Ombrie

Piémont et Val d'Aoste

Pouilles

Sardaigne

Sicile

Toscane

Trentin Haut-Adige

PR du Gran Sasso
Teramo
Pescara
Pescara
Chieti
L'Aquila
Mont Velino
Navelli
Mont La Maiella
ABRUZZES
Termoli
Scanno
PN des Abruzzes
PR des Trattuti
Pietrabbondante
MOLISE
Campobasso
Campitello Matese
Sepino

Abruzzes et Molise

Navelli

De l'or sur ses plateaux

Terre de traditions, la région des Abruzzes cultive mille savoirs et saveurs. Depuis le XIIIe siècle, une épice de luxe fait la renommée du village de Navelli : le safran. De l'or pour les yeux quand, à l'automne, son haut plateau se pique de pétales mauves.

Les gourmets le savent : point de risotto à la milanaise sans safran. Issu de la torréfaction du pistil des fleurs de *Crocus sativus*, ce condiment ensoleille l'assiette et le palais de son arôme puissant et de sa teinte ambrée. Essentiel à la cuisine transalpine et volontiers piquant, il véhicule un parfum d'Orient : en arabe, *za'farân* signifie « jaune ». De retour de croisade, un moine dominicain en a livré le secret aux bergers de la région. Cultivé dès lors aux pieds de Navelli et dans les localités voisines de Civitaretenga, Caporciano, San Pio delle Camere et Prata d'Ansidonia, le safran *purissimo dell'Aquila* a offert aux alpages une relative opulence qui se lit dans l'architecture cossue des maisons-tours. Si, entre fin octobre et début novembre, les crocus sont récoltés par milliers, ce safran considéré comme l'un des meilleurs au monde n'est produit qu'en quantité infinitésimale. Un seul gramme exigeant jusqu'à 200 boutons violacés, son prix est celui de la rareté…

Le vrai trésor du village médiéval de Navelli est hors les murs : la culture du safran qui perdure alentour.

Chieti

Au balcon des Abruzzes

Idéalement située entre les puissants sommets des Apennins et les eaux de l'Adriatique, Chieti est émaillée de beaux vestiges romains et médiévaux. En son musée, des œuvres emblématiques de l'art des Abruzzes, à l'image du célèbre guerrier de Capestrano.

Postée sur une colline couverte de noueux oliviers, la ville de Chieti est cerclée de montagnes que coiffe l'auguste massif de la Majella. Sa fondation serait antérieure à celle de Rome… La légende veut que son nom antique ait été inspiré au héros Achille par le tendre souvenir de sa mère, Thétis. L'empreinte des Romains est encore visible dans le paysage agricole de l'ancienne Teate : un trio de *tempietti* borde l'actuel Corso Marrucino et, non loin, se dressent les ruines d'un théâtre et de thermes (Ier siècle). Le centre historique conserve diverses traces d'occupation, des Normands aux ducs d'Anjou jusqu'à la couronne d'Aragon comme la cathédrale de San Giustino, la tour de l'Évêché et plusieurs portails gothiques. Le Museo archeologico nazionale d'Abruzzo présente de remarquables vestiges issus de sépultures royales préromaines et romaines. Aux côtés de la fine statuaire de bronze, la sculpture du guerrier de Capestrano étonne avec son grand chapeau, tel un sombrero.

Comme Chieti, le proche château d'Ortona, construit en 1442 sous le règne d'Alphonse V d'Aragon, illustre la présence espagnole dans la province.

L'Aquila

Son aigle est un phénix

Épicentre d'un terrible tremblement de terre en 2009, L'Aquila a beaucoup souffert, à l'instar de ses habitants. Depuis la tragédie, la plupart des édifices majeurs demeurent fermés au public, mais leur lente reconstruction est déjà en œuvre…

Si le territoire de L'Aquila ne possède aucun débouché sur la mer, son histoire n'en est pas moins liée intimement à celle de l'eau, cette *aqua* vivifiante dont découle son nom. Une centaine de fontaines irrigue son cœur meurtri, dont une exceptionnelle citerne trapézoïdale en pierre blanche et rose ne comptant pas moins de 99 « cannelles ». Partout, ce nombre symbolique semble avoir façonné la ville, en tout superlative. Ne dit-on pas qu'elle est née de la volonté conjuguée des 99 châteaux que compte la vallée de l'Aterno ? Quatre-vingt-dix-neuf fontaines, 99 places, 99 églises… Dans le cadre grandiose du massif du Gran Sasso, cette accumulation, même exagérée, promet monts et merveilles à visiter, bien que partout les monuments portent les douloureux stigmates du séisme. La basilique Santa Maria di Collemaggio, l'église San Bernardino, le bastion du Castello et son museo nazionale d'Abruzzo sont encore clos. Mais, avec l'aigle pour emblème, L'Aquila est le phénix d'une région au patrimoine d'exception.

Parangon du style gothique fleuri, la façade de la basilique Santa Maria di Collemaggio (XIII-XVIe) s'anime de motifs polychromes.

Parc national des Abruzzes

Nature sauvage

Situé au sud des Abruzzes, le parc national des Abruzzes, du Latium et du Molise est une réserve naturelle protégée qui couvre 3 régions, comme son nom le stipule.

Ce territoire vert s'étend sur 150 000 hectares. Sa création remonte à 1923, avec pour objectif la préservation de la faune et de la flore du massif. Le succès est au rendez-vous. Résolus à découvrir ces « Abruzzes de l'intérieur », 2 millions de visiteurs foulent ses sentiers chaque année. Sur les 160 chemins de randonnée qui sillonnent cette nature indomptée, des animaux rares font parfois de promptes apparitions. Chamois, aigles, lynx, loutres (...) comptent parmi les bêtes sauvages qui ont trouvé refuge dans cette vaste zone de protection. Mais les vraies vedettes des Abruzzes, ce sont les emblématiques loups des Apennins et les ours bruns marsicains dont la survie demeure fragile. À Pescasseroli, au cœur de la forêt de hêtres, le jardin zoologique du Centro Natura recueille et soigne les ours, faons, hiboux et autres cerfs en détresse, tandis qu'à Civitella Alfedena, le Centre des loups assure la défense du plus fascinant des canidés, le craintif *Canis lupus italicus*.

Le parc national des Abruzzes a réussi à préserver les paysages et à revaloriser les villages qui se muent en stations de ski authentiques l'hiver.

Parc régional du Gran Sasso

Apennins au « Tibet »

De ravines vertigineuses en plateaux glaciaires où paissent tranquillement moutons et chevaux, le parc régional du Gran Sasso dessine un paysage grandiose.

Le parc régional du Gran Sasso e Monti della Laga réunit les monts de la Laga, enchâssés entre le lac de Campotosto au sud et les monts Sibyllins au nord, et les sommets du Gran Sasso depuis lesquels, par temps clair, la vue porte jusqu'aux rivages de l'Adriatique. Si, sur la conque du versant nord-est du Corno Grande, le glacier du Calderone – le plus méridional d'Europe – est menacé par le réchauffement climatique, l'homme vit partout ailleurs en harmonie avec la nature. À l'instar de Santo Stefano di Sessanio, les petits bourgs perchés érigés par les bergers ont conservé leur caractère originel. Avec leurs murs de pierre sèche, les refuges d'alpage, les fermes et les églises rupestres incarnent l'âme rude de ce décor immuable, figé depuis le Moyen Âge. Pour embrasser le paysage lunaire du haut plateau du Campo Imperatore, que d'aucuns comparent au Tibet, rien ne vaut le panorama offert par la forteresse de Rocca Calascio, fondée vers l'an 1000, et l'oratoire octogonal de Santa Maria della Pietà.

Au chevet de Santa Maria della Pietà, le plateau du Campo Imperatore a des allures de montagne sacrée, façon pelouse tibétaine.

Pescara

La douceur de vivre

Tactiquement établie sur la ligne de chemin de fer qui longe l'Adriatique, la moderne Pescara attire chaque été de plus nombreux vacanciers. Ses atouts premiers : un front de mer animé et des rivages parfaitement équipés, pour la fête ou la détente.

Semblables à de grosses araignées de mer, d'anciennes machines de pêche sur pilotis sont arrimées au littoral de Pescara. Avec leurs jambes de bois, les typiques *trabocchi* marquent le paysage côtier des Abruzzes, des provinces de Chieti à Foggia et Campobasso. Pescara n'a pas volé son nom et la province tout entière est tournée vers la mer et ses eaux poissonneuses. Grâce à ses belles plages aménagées de sable fin, qui alternent avec les falaises crayeuses des calanques protégées par une réserve naturelle, cette ville récente est devenue une importante station balnéaire. En 1927, cette ville touristique dotée d'un agréable front de mer est née de la fusion de 2 bourgs séparés par le fleuve Atero et autrefois rivaux : Pescara et Castellamare Adriatico. Parmi les lieux à visiter, la cathédrale de San Cetteo et son chef-d'œuvre du Guerchin, le museo d'arte moderna Vittoria Colonna et la Casa natale di Gabriele d'Annunzio qui invite à plonger dans l'intimité du poète nationaliste.

Avançant sur la mer avec ses mâts et ses filets en guise d'antennes, la plate-forme d'un trébuchet, icône ancestrale de la côte de Pescara.

Scanno

Villégiature lacustre

Du haut de sa montagne, le bourg historique de Scanno se mire paisiblement dans les eaux de son lac, barrant les gorges du Sagittario. Balade en ses murs, baignade sur ses rives ou canoë sur ses eaux… les voyageurs louent la beauté sereine des lieux.

Toute l'architecture du bourg est à l'unisson : médiévale. Avec ses toits de pierre savamment disposés en espalier et son dédale de ruelles pavées, la « perle des Abruzzes » aimante les amateurs de vieilles pierres et de tranquillité. L'église Santa Maria della Valle, la Piazza San Rocco, la Porta della Croce, l'arc di Sant'Eustachio, les palais Carossi, Mosca et Di Rienzo ou la fontaine Sarracco sont si photogéniques… Tombé sous le charme de ce bourg authentique et pittoresque, classé parmi les plus beaux villages d'Italie, Henri Cartier-Bresson y a réalisé de très fameuses séries de clichés, des instantanés de vie d'une incroyable intemporalité. Ici, au sein des ateliers d'artisanat, les traditions perdurent, comme le travail raffiné de l'orfèvrerie et de la dentelle aux fuseaux. Campées sous leur porche, de vieilles femmes voûtées, âmes vivantes du village et témoins volontiers diserts du passé, portent encore le costume traditionnel, une modeste robe sombre, et sont coiffées du turban typique.

Sur la rive sud-ouest du lac de Scanno, l'église de la Madonna del Lago, édifiée au XVIIIe siècle et consacrée à l'Annonciation.

Teramo

Aux bras des eaux

Fondée sur le versant oriental des Apennins par les Phéniciens, Teramo témoigne par la variété de ses monuments d'une histoire riche, marquée par les Romains, Francesco Sforza, Alphonse d'Aragon, les Espagnols, les Français et le royaume de Naples…

À quelques encablures de l'Adriatique et sous l'égide rocheuse du Gran Sasso, la ville s'étire sur des collines couvertes de vignes et d'oliviers, calée entre les bras des fleuves Tordino et Vezzola. De la prospère Interamnia, dont le nom confirme la position à la confluence des 2 ruisseaux, de beaux vestiges romains demeurent, malgré la razzia opérée par les Wisigoths en 410 et le tremblement de terre dévastateur de 1380 : le théâtre construit sous Hadrien et un amphithéâtre mué en forteresse au Moyen Âge. De cette époque datent aussi la Casa Urbani, bel exemple d'architecture civile du XIIe siècle, ainsi que la cathédrale Saint-Berardo. Ici, à chaque printemps, la typique *virtù* est cuisinée avec des restes des provisions d'hiver de légumes secs et de grains mélangés à des primeurs : cette soupe de terroir est un délice parfumé au fenouil sauvage. Non loin, aux pieds des Monts Gemelli, le village de Campli recèle un rare Escalier saint, copie de celui de Saint-Jean-de-Latran, à Rome.

Joyau roman empreint de discrètes influences romaines, l'abbaye Sainte-Marie de Propezzano a des faux airs d'hacienda vue de dos.

Campitello Matese

La station du Molise

Entre mer et montagne, le Molise est parcouru par la chaîne des Apennins méridionaux. Campitello Matese est la station la plus populaire d'une région dont chemins de randonnée, routes cyclistes et pistes de ski rayonnent autour des pentes du mont Miletto.

Été comme hiver, Campitello Matese attire les sportifs et les amoureux de grands espaces. Accrochée à 1 450 mètres d'altitude sur les pentes du mont Miletto, dont le sommet grimpe encore 600 mètres plus haut, cette localité touristique a l'âme montagnarde. Débutants ou experts, les fondus de neige apprécient son domaine skiable qui propose 7 remontées mécaniques et 40 kilomètres de sentiers adaptés aux balades en raquette à travers les forêts d'érables, de chênes et de sapins. Comparable, la proche station de Capracotta offre une même qualité d'équipement. Depuis un télésiège ou, mieux encore, sous les ailes d'un parapente, la vue sur le mont Meta est époustouflante. Le manteau herbeux recouvrant la Mainarde, autre nom du parc national des Abruzzes, du Latium et du Molise, est une pelouse duveteuse que les cerfs foulent volontiers quand rien ne trouble leur royale tranquillité. Un territoire pastoral d'une beauté sauvage à l'assaut duquel les vélos du Tour d'Italie partent régulièrement.

Septembre sur la Mainarde : le territoire du mont Meta, à la jonction du Latium, des Abruzzes et du Molise, est protégé par un parc national.

Parc régional des Tratturi

Sur la piste des moutons

Sur des centaines de kilomètres, de la côte Adriatique à Matese, cet espace naturel protégé est l'occasion d'une balade sur les chemins herbeux, d'un pâturage à l'autre.

C'est le piétinement des troupeaux qui a marqué de son empreinte le sol caillouteux de la campagne du Molise, dessinant ces chemins de pistes que les moutons empruntent massivement lors de l'estive. Depuis les débuts de l'élevage et l'époque préromaine, en menant le bétail d'un pacage à l'autre – vers les pâturages de montagne des Abruzzes en été et ceux de la plaine des Pouilles en hiver –, les hommes ont tissé des relations entre les villages, de collines en collines, générant une formidable interaction entre les régions centrale et méridionale. Abruzzes, Ombrie, Basilicate, Campanie et Pouilles sont elles aussi connectées aux voies des *tratturi*, ces « fleuves d'herbes silencieuses » décrits par le poète D'Annunzio. La dimension historique, archéologique, naturelle et paysagère de ces très anciens chemins de transhumance est telle qu'ils sont devenus l'emblème du Molise, région authentique qui se tourne vers l'agritourisme et continue ainsi à faire vivre ses traditions populaires.

Dans le terroir de Campobasso, une balade sur les chemins patrimoniaux des tratturi *révèle les traditions locales : gastronomie et hospitalité.*

Termoli

Échappée sur la mer Adriatique

La côte du Molise compose une microrégion maritime où à peine 40 kilomètres de sable se suivent. Terminus du soleil, le promontoire de Termoli est une petite station balnéaire pleine de caractère et doublée d'un port où pratiquer la voile.

À une centaine de kilomètres au sud de Pescara, commune du littoral des Abruzzes, les rives de Termoli alignent les mêmes machines de pêche au filet que les Italiens nomment « *trabucchi* ». Ces constructions de bois sur pilotis dressant leurs antennes au-dessus des flots poissonneux sont un vivier de saveurs pour la cuisine locale qui fait son régal de produits de la mer. Mais plus que ces structures, ce sont les remparts qui donnent à la ville son allure particulière. Encadrant le port, ces murs protégeaient le château souabe construit par Frédéric II en 1247. Comme les tours le long de plages, ce dispositif témoigne des invasions sarrasines. En 1943, c'est aussi ici que, durant la campagne d'Italie, les unités d'élite britanniques se sont opposées à la 1re division Fallschirmjäger, un corps de parachutistes allemand. Dans le bourg historique délimité par la citadelle fortifiée, la cathédrale romane (XIIe siècle) affiche une façade délicatement ouvragée, œuvre d'artistes venus des Pouilles.

Patchwork d'enduits colorés, les maisons de Termoli sont blotties à l'abri des remparts qui dominent le port et les plages de sable fin.

De Sepino à Pietrabbondante

Des ruines pleines de sens

Le Molise, région encore peu touristique, possède non seulement un folklore, des plages et des stations de sports d'hiver mais elle recèle également des sites archéologiques dignes d'intérêt.

Samnites, Romains, Lombards… Une pléiade de peuples a marqué cette terre. Parmi les vestiges se trouvant sur les voies de transhumance des *tratturi*, celui de Sepino est un éloquent témoignage de la colonisation romaine. Près de Campobasso, c'est là que se tenait la ville de Saepinum, fondée par les Romains en 293 après J.-C. Les axes urbains perpendiculaires du cardo maximus et du decumanus sont encore bien lisibles dans le paysage. Les restes du théâtre, du forum et de la basilique s'élèvent intra-muros, dans l'enceinte gardée par des portes d'accès. À Pietrabbondante, dans la province d'Isernia, on peut admirer un théâtre hellénistique. Installés en gradin face aux pentes du mont Saraceno, ses sièges de pierre sculptée ont noble allure. La nature, partout très présente, semble veiller sur l'histoire… Non loin, les Samnites, peuple insulaire opposé à Rome, ont laissé des ruines de leurs anciens habitats (IIe av. J.-C.). Enfin, Larino possède un amphithéâtre romain de la fin du Ier siècle.

Rebaptisée Altilia par les Lombards, Sepino avait une enceinte, des tours de guet, quatre portes, un forum, des maisons romaines et un temple ionique.

Venosa
Lacs de Monticchio
Mont Vultur
Lac Basentello
Matera
Potenza
Basento
BASILICATE
Metaponto
Policoro
Mont du Pape
Maratea
PN du Pollino

Basilicate

Lac Basentello

Paradis artificiel

À la frontière entre les Pouilles et la Basilicate, non loin d'Irsina, petite ville nichée au cœur de la vallée du Bradano, le lago di Serra del Corvo – rebaptisé depuis lac Basentello – offre un paysage lunaire et la promesse de pêches miraculeuses.

Chahutée par les vents, cette oasis de verdure a des allures de lande irlandaise, entourée d'infinies étendues de plaines qui lui dessinent tout autour comme une longue chevelure de paille asséchée. Au-delà du rêve celtique, ce décor dénudé se prête à la balade, à la découverte de fermes isolées, beautés abandonnées. Comme les lacs de San Giuliano, Monte Cotugno et Pietra del Pertusillo, le réservoir d'eau formant le lac Basentello est né des besoins d'irrigation. Plutôt que celui, inhospitalier, de « la montagne aux corbeaux », imposé par la toponymie, les habitants de la province de Matera préfèrent le nom de Basentello, en hommage au fleuve qui fait don de ses eaux et arrose les cultures fourragères. Sur les rives humides de ce loch endigué prolifèrent de nombreux oiseaux et une végétation herbacée. Le pourtour d'ajoncs est peuplé d'alevins. Ablettes, anguilles, brèmes, carpes et perches abondent en ces eaux qui constituent pour le pêcheur un paradis, fut-il artificiel.

Dans la Serra del Corvo, le lac Basentello marque la limite entre deux régions : la rive ouest se situe dans la Basilicate, la berge est en Apulie.

Lacs de Monticchio

Une double glace d'eau sur cône

Secrète, la contrée des lacs de Monticchio se révèle spectaculaire avec son couple de cratères volcaniques aux nappes dissonantes, l'une foncée, l'autre claire. Et, sur les pentes du mont Vulture, la forêt touffue cache des trésors d'architecture…

Dans cette région imprégnée de sources minérales, de l'eau légèrement pétillante jaillit naturellement des ruisseaux… Concentré de nature à l'état pur, le cône du Mont Vulture imprime le paysage de sa géométrie volcanique. Deux maars couvrant chacun 10 et 50 hectares sont nés de son antique éruption. Bien que communicants et pareillement nappés de nénuphars blancs, ils se singularisent par un étonnant contraste chromatique. Si les eaux du Petit Lac sont intensément vertes, le miroir glacé du Grand Lac se pare d'ardents reflets olive. Luxuriante, la végétation se fond en un camaïeu. Le feuillage épais des aulnes napolitains, érables, châtaigniers, tilleuls, frênes, hêtres… forme un écrin verdoyant pour le bâti bénédictin. Antérieure au XIe siècle et construite autour d'une grotte, l'abbaye de San Michele se mire dans le plus petit des cratères alors que, sur l'isthme qui sépare les 2 bassins, les ruines du couvent de Sant'Ippolito (XI-XIIe siècle) ajoutent à la poésie du lieu.

L'abbaye bénédictine de San Michele a été édifiée autour d'un ermitage souterrain situé sur les pentes du cratère du Petit Lac de Monticchio.

Maratea

Entre Campanie et Calabre

Sur le versant tyrrhénien, la côte de Maratea épouse le golfe de Policastro. Aux pieds de vertigineuses falaises, son littoral dentelé ébauche de délicieuses criques prisées des passionnés d'escalade, des plongeurs, des spéléologues et des amateurs d'eau pure.

Juchée au sommet du mont San Biagio, la statue du Rédempteur qui domine Maratea arbore une posture rappelant l'emblématique christ du Corcovado qui veille sur Rio de Janeiro. Avec ses bras grands ouverts dont l'envergure avoisine les 20 mètres, elle invite à partager la prodigieuse beauté des lieux. Depuis ce sanctuaire, la vue sur la mer émeraude est sublime et chacun peut s'amuser à compter les ruines des 6 tours côtières que les Espagnols ont érigées au VIe siècle pour contrer les assauts des pirates et des Sarrasins. Célèbre dans le monde entier pour la richesse et la splendeur de ses fonds marins, la côte de Maratea est trouée de fabuleuses grottes naturelles qui forment un univers karstique dantesque. Agréable à visiter, le centre historique de la ville inférieure et de la ville supérieure ne concentre pas moins de 44 églises dont San Vito, la plus ancienne, Santa Maria Maggiore et l'Annunziata qui contient un imposant bas-relief en marbre ainsi que le buste reliquaire de San Biagio.

Mince territoire entre Campanie et Calabre, le littoral de Maratea avec ses caps déchiquetant la côte tyrrhénienne dans le golfe de Policastro.

Matera

Sassi impératrices

Creusé par la Gravina qui ravine en contrebas, le plateau calcaire des Murge abrite une ville au décor biblique : Matera. L'habitat troglodyte des Sassi lui vaut d'être classée sur la liste du Patrimoine mondial de l'humanité établie par l'Unesco.

Durant 10 millénaires, les hommes de Matera ont évidé le tuf des grottes pour y aménager des maisons troglodytes qui défient toujours le vide. Surplombant un canyon, 2 quartiers rupestres composent les Sassi pour lesquels l'Unesco a inventé en 1993 la notion de « paysage culturel » : le Sasso Barisano et le Sasso Caveoso, respectivement implantés au nord et au sud. Séparés par un cap rocheux qui créé un double amphithéâtre naturel, ces faubourgs pittoresques s'organisent… sans ordre. Dans un enchevêtrement inouï de monuments et d'époques, le bâti se superpose : vestiges grecs, façades baroques, cryptes paléochrétiennes, abris néolithiques… Selon un mode empirique, la ville se moule dans le relief. Vraie colline sacrée, le Sasso Caveoso cache 130 églises rupestres souvent couvertes de fresques byzantines et une maison-grotte qui illustre la misère sanitaire de l'après-guerre décrite par le romancier de Carlo Levi. Réhabilités, les taudis d'autrefois se muent en musées, galeries, hôtels de charme…

La via Madonna delle Virtù offre une vue panoramique idéale du site pour percer les secrets du dédale de calcite des Sassi, les « pierres » de Matera.

Metaponto et Policoro

Cités faussement jumelles

Avec leurs interminables plages de sable fin et de galets ourlant la mer Ionienne, Metaponto et Policoro sont des destinations phares du tourisme balnéaire. Dotées d'éminents sites archéologiques, elles furent autrefois d'influentes cités grecques.

Sur le golfe de Tarente, les estivants ont le choix du rivage. Policoro et Metaponto, localités voisines bordées de pinèdes et d'eucalyptus, jouissent de beautés comparables. Chacune possède un fameux lido et d'éloquentes traces du passé. La première, fondée en 433 av. J.-C. sur les ruines de l'antique Siris, conserve les fondations d'un temple dédié à Athéna, un second temple voué à Déméter, une acropole, des pans de remparts et des nécropoles. Les fouilles entreprises sur le site archéologique de Heraclea ont fourni au musée national de la Siritide de belles pièces. Plus important encore, le site archéologique de Metapontum se dresse près de la ville moderne de Bernalda, terre natale du réalisateur Francis Ford Coppola. Défiant les siècles, le temple d'Apollon Licio pourrait même être le monument funéraire du philosophe Pythagore. Plus loin, les ruines doriques des Tavole Palatine s'élèvent en majesté alors que le Musée archéologique national expose une remarquable collection de céramiques.

Parmi les ruines de Metapontum, importante colonie de Grande Grèce, le temple dorique édifié en l'honneur de Héra sur la colline du Tavole Palatine.

Potenza

Sa province a des airs de Provence

Au cœur du Mezzogiorno, le midi italien, Potenza régente la haute vallée du Basento, au nord du parc régional des Dolomites de la Lucanie qui, sous ses aiguilles, abrite de charmants bourgs authentiques comme Castelmezzano, Pietrapertoza ou Viggiano.

Avec ses 819 mètres d'altitude, Potenza a gagné ses galons de chef-lieu de région le plus haut d'Italie. Tour à tour, la cité fut prise par les Romains, les Ostrogoths et les Byzantins avant d'être rattachée au duché lombard puis aux Normands, aux Souabes, aux Angevins et à une cohorte de seigneurs jusqu'à l'abolition de la féodalité en 1806. Une intense activité sismique et les bombardements de 1943 se sont hélas chargés d'effacer la plupart des traces de ces influences. Néanmoins, le centre historique et ses églises médiévales de la Sainte-Trinité, de Saint-Michel-Archange et de Saint-François demeurent agréables à découvrir depuis la piazza Mario Pagano. Érigée au XIIe siècle puis remaniée à l'époque néoclassique, la cathédrale mérite un détour. Les vestiges romains sont rares mais, dans la partie basse de Potenza, le pont San Vito construit entre 305 et 248 av. J.-C. enjambe toujours le fleuve Basento et, dans la localité de Malvaccaro, une villa impériale a livré une superbe mosaïque.

Les bras chargés de présents et de breloques, une croix votive marque le territoire rural de la commune de Viggiano, au sud de Potenza.

Venosa

La patrie d'Horace

Fondée en 291 avant J.-C., l'antique Venusia compose pour l'amateur d'histoire comme un petit musée en plein air, toutes époques confondues. La ville où naquit le poète latin Horace possède plus d'un trésor à saluer, intra-muros et en périphérie.

Gardé par le Castello Aragonese, qui abrite la collection d'animaux fossilisés du Musée archéologique (dont un étonnant rhinocéros), le centre ancien de Venosa est émaillé d'édifices fastueux. Alignés sur la via Vittorio Emanuele II, le palazzo del Baliaggio (XIVe) et le palazzo Calvino (XVIIIe) voisinent avec le couvent San Domenico (XIVe) et la cathédrale di Sant'Andrea (XVe)… La plus éclatante des perles est sans doute l'abbaye inachevée de la Très-Sainte-Trinité : édifiée sur les ruines d'un temple dédié à Hymen, dieu latin du mariage, sa nef paléochrétienne remonte au Ve siècle. Sous son dallage de mosaïques repose Aubrée de Buonalbergo, première femme du plus légendaire des conquérants normands. Car en 1057, Robert Guiscard choisit d'abriter ici le tombeau familial de la maison de Hauteville. Thermes, amphithéâtre, *domus*, catacombes étrusques ou hébraïques… le parc archéologique de Venosa qui se déploie autour du baptistère et des résidences épiscopales s'avère immensément riche.

La nécropole de l'Abbazia della Santissima Trinita conte la fabuleuse histoire des Normands d'Italie et l'épopée des Hauteville.

© Mi.Ti. - Fotolia.com

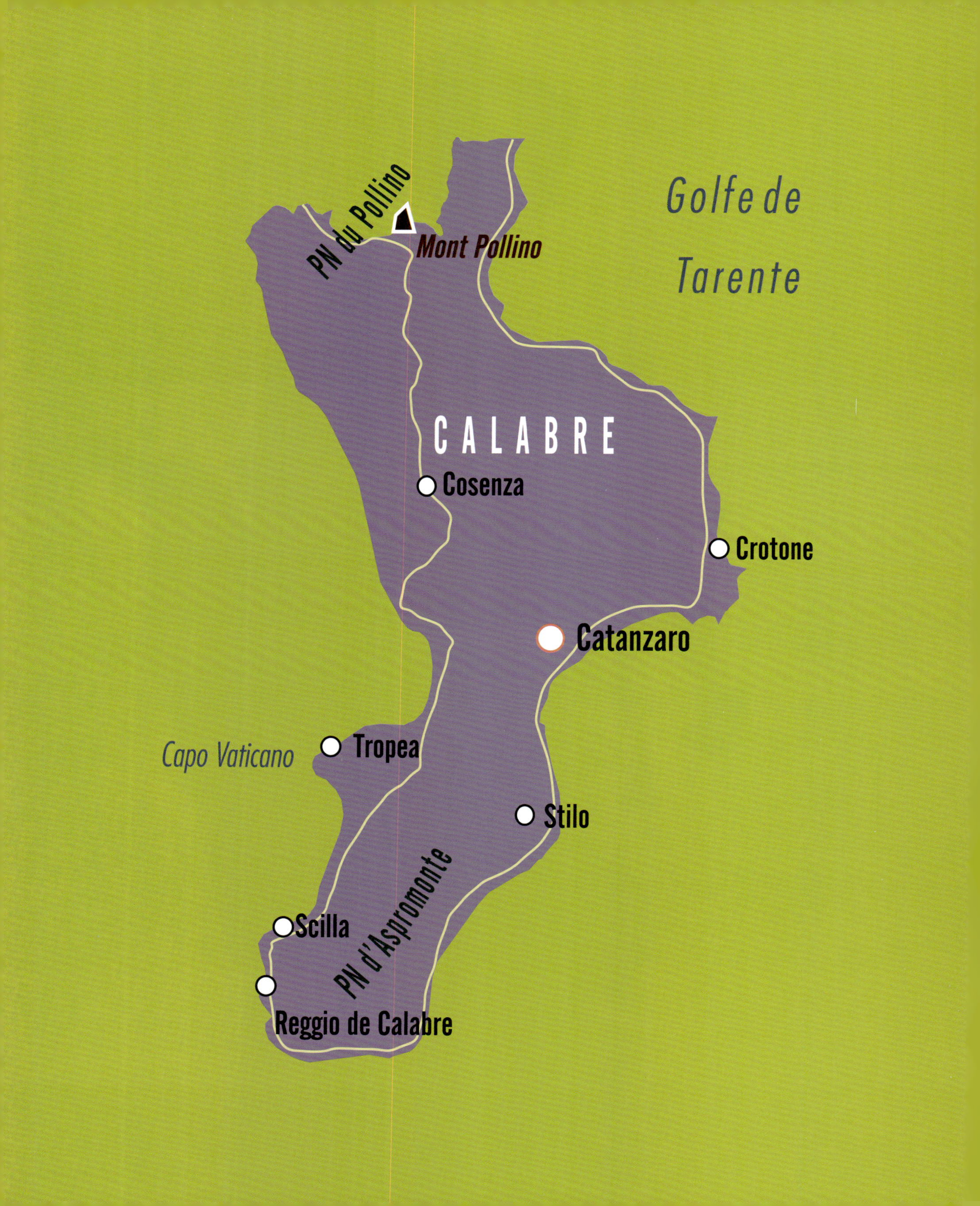
Golfe de
Tarente
PN du Pollino
Mont Pollino
CALABRE
Cosenza
Crotone
Catanzaro
Capo Vaticano
Tropea
Stilo
PN d'Aspromonte
Scilla
Reggio de Calabre

Calabre

Parc national d'Aspromonte

Là où la montagne s'allie à la mer

À l'extrémité de la botte italienne, l'Aspromonte est une région unique, protégée sur une superficie de 76000 hectares. Bienvenue dans la Calabre verdoyante !

Aspromonte signifie « mont blanc », un massif alpestre aux reliefs enneigés. À son point culminant, la pyramide rocheuse du Montalto a vue sur le détroit de Messine du haut de ses 1 995 mètres. Près du bourg de San Luca, les géants de pierre de Pietra Cappa invitent à se balader à travers la forêt de châtaigniers centenaires qui habille ces monolithes aux formes étranges. Plus rafraîchissantes encore, les excursions vers les cascades Amendolea-Maesano, Mundu et Galasia ou vers le lac de Costantino permettent d'apprécier, en chemin, quelques chapelles de style byzantin… À l'est, sur le versant ionien couvert de hêtraies, le village médiéval de Mammola et celui de Gerace, fief de la minorité grecque de Calabre, égrainent leur chapelet d'églises, tandis que les ruines d'un château normand dominent Bova, merveille gréco-byzantine à flanc de montagne. Typiques de l'artisanat local, les ex-voto en céramique de Seminara, avec leurs belles tonalités bleu-vert, s'inspirent des masques du théâtre grec.

Avec ses toits d'ocre et de rouge mêlés, le village de Bova domine fièrement la mer et le massif de l'Aspromonte depuis son éperon rocheux.

Capo Vaticano

La baie des âges

La colline de granit blanc et gris de Capo Vaticano veille sur 2 trésors : la mer Tyrrhénienne et un gisement de fossiles du quaternaire. Ou comment l'une des plus belles plages d'Italie est aussi la destination des paléontologues du monde entier…

Face au Stromboli et aux îles Éoliennes, le promontoire de Capo Vaticano surplombe une succession de criques rocheuses et de plages d'une rare beauté. Parmi les baies qui confinent au sublime, celles de Grotticelle, dont la station balnéaire est rattachée à la ville de Tropea, sont sans doute les plus mythiques. Dans ce paradis prisé des estivants et des amateurs de plongée en eaux cristallines, les falaises, presque aussi blanches que le sable du rivage, dessinent comme un rideau de lumière derrière le bleu turquoise des flots. Véritable curiosité géologique, la composition du granit de Capo Vaticano s'avère unique. Les terrains sédimentaires du quaternaire ont figé là une quantité astronomique de squelettes de mammifères marins et continentaux. Avec sa morphologie si particulière, ce site sauvage hérissé de cactus est une véritable mine de couches fossilifères. Un must pour les scientifiques et les néophytes en maillot que ces traces d'êtres vivants d'un passé aujourd'hui révolu fascinent.

Le long des plages de Capo Vaticano, on trouve quantité de coquillages fossilisés, comme le Clipeastri du Miocène, aujourd'hui éteint.

Catanzaro

L'isthme le plus étroit d'Italie

Malgré des origines anciennes, Catanzaro doit sa relative notoriété à un édifice contemporain. D'une mer à l'autre, le territoire exigu de sa province concentre des attraits variés, entre plaisirs maritimes et découverte de l'arrière-pays.

À son ouverture en 1962, le pont Bisantis se targuait d'être le plus grand viaduc d'Europe, ses arches enjambant avec légèreté le lit du fleuve côtier. Le *duomo*, la tour normande ou la villa Trieste sont, avec le Musée provincial et sa panoplie numismatique, les attractions centrales de Catanzaro. Son belvédère scrute la mer Ionienne et le golfe de Squillace, dont la cité éponyme accueille plusieurs églises monumentales ainsi qu'un château attribué aux sulfureux Borgia. En direction de la station balnéaire animée de Soverato, falaises et plages de sable immaculé se relayent pour ravir les plaisanciers. Bornée dans sa partie septentrionale par le plateau de la Sila, dont les vallons et les lacs forgent des paysages sylvestres grandioses, la province de Catanzaro ne se limite pas à ce front de mer. Elle s'étend même à l'opposé, jusqu'au golfe de Sant'Euphemia. Atteignant la côte tyrrhénienne, elle forme le territoire le plus mince de la péninsule italienne, large d'à peine 30 kilomètres.

Le pont Bisantis a été conçu par l'ingénieur civil Riccardo Morandi, réputé pour ses ouvrages en béton armé, notamment dans les zones sismiques.

Cosenza

L'autre ville aux sept collines

Au pied du plateau de Sila, histoire et culture ont fusionné pour donner naissance à Cosenza, chef-lieu de la province qui porte le même nom. Un bon argument pour s'en aller visiter ce qui est sans doute l'un des plus anciens bourgs de Calabre.

Pour jouir d'une vue imprenable sur la cité et la vallée du Crati, il faut gravir la colline Pancrazio où se dresse la silhouette massive du Castello Svevo. Construit au VIe siècle, ce château normand est flanqué d'une tour octogonale, caprice de l'empereur Frédéric II ajouté au XIIIe siècle. En sillonnant le centre historique, de l'artère commerçante du Corso Mazzini à la rue de l'artisanat et de la bijouterie qu'est le Corso Telesio, maints palais révèlent l'ancienne prospérité de la ville. Au XVIe siècle, le poète Paulus Parrhasius y a fondé une académie qui fit un temps de Cosenza l'« Athènes calabraise », en attestent son campus et les précieux manuscrits (XVIe-XVIIe) de sa bibliothèque. Mêlant avec grâce baroque, roman et gothique, la cathédrale renferme le tombeau d'Isabelle d'Aragon, épouse du souverain Philippe III, morte en 1271. D'après une légende, une dépouille plus illustre encore reposerait avec son trésor sous le lit du fleuve Busento, celle d'Alaric, roi des Wisigoths…

Mi-rempart, mi-palais royal, le château normand qui surmonte la colline a vu défiler en ses solides murs plusieurs dynasties de seigneurs.

Crotone

L'héritage de Pythagore

L'antique Kroton grecque est devenue un port maritime de tout premier plan en mer Ionienne. Sur la côte occidentale du golfe de Tarente, le promontoire archéologique et les châteaux aragonais narrent son lustre d'antan, du Capo Colonna à Le Castella.

Sans fausse modestie, un vieux dicton affirme qu'il fut un temps où « le dernier des citoyens de Crotone aurait été le premier des grecs ». Virgile lui-même louait la force et la grâce des habitants de l'antique colonie achéenne, séduit par la virile beauté de ses athlètes, réputés dans toute la Grande Grèce pour leurs performances aux jeux Olympiques, tel Milon de Crotone, jeune apollon multimédaillé. Pythagore fonda ici son illustre école, ajoutant aux soins du corps les joutes de l'esprit en enseignant les mathématiques et la philosophie. Pour se figurer cette brillante civilisation, il faut se rendre au Capo Colonna où les vestiges du vaste sanctuaire d'Héra Lacinia affrontent les vents, face à la mer Ionienne, avant de contempler son trésor d'or et de bronze au Musée archéologique national. De nos jours, la ville moderne de Crotone affiche son lot de palais et un château qui, pour être aragonais, n'a pas la superbe de Le Castella, bastion gardant la réserve marine du Capo Rizzuto.

Au nord de Crotone, le Capo Rizzuto est défendu par Le Castella, muraille aragonaise cernée par les eaux.

Parc national du Pollino

Écrin de nature sauvage

Aux portes de la Calabre, le massif du Pollino partage son territoire avec la Basilicate. Cette terre au relief très accidenté présente un grand intérêt sur le plan de la faune et de la flore.

Avec près de 2000 kilomètres carrés de nature sauvage, le parc national du Pollino est le plus vaste d'Italie. Depuis les hauts plateaux et les cimes de la Serra Dolcedorme (2267 mètres), la Sicile est à portée de regard. Dans la province rurale de Cosenza, où perdurent les traditionnels pèlerinages vers les sanctuaires de montagne, le rarissime pin des Balkans fend le paysage de sa ligne sinueuse. Sur les pentes raides du Monte Pollino, de la Serra delle Ciavole et de la Serra di Crispo, les plus vieux spécimens s'entortillent depuis un millénaire, façonnés par le temps. Des plaines et des bois du Pollino aux gorges de Raganello, une faune hétéroclite vit dans ce décor abrupt où fleurissent gentianes et orchidées : aigles, serpents, lièvres, loutres, loups, écureuils noirs, tritons et salamandres. Au son de la Zampogna, la cornemuse locale, les villages fêtent l'arbre, pilier d'une nature choyée, tandis que Civita, bâtie par les Albanais au XVe siècle, perpétue les coutumes et la langue balkanique, l'arbërisht.

Emblème multiséculaire du parc, Pinus leucodermis *(ou pin des Balkans) porte effectivement une cuirasse : son épaisse écorce argentée.*

Reggio de Calabre

Le plus doux des mirages

À l'avant-poste de la botte italienne, Reggio de Calabre toise la Sicile depuis le centre de la rive orientale du détroit de Messine. Maintes fois détruite, la ville au glorieux passé entretient sa légende comme elle cultive sa terre : brillamment.

Depuis la promenade plantée de magnolias du *lungomare*, considérée par Gabriele d'Annunzio comme le « plus beau kilomètre d'Italie » avec sa très chic architecture 1900, le panorama sur l'Etna et les îles Éoliennes est époustouflant. Messine n'est qu'à 3 kilomètres et, dans la chaleur écrasante de l'été, une illusion d'optique donne même à penser que les côtes siciliennes flottent de façon onirique. Géants de bronze aux yeux d'ivoire, les guerriers de Riace du museo archeologico della Magna Grecia sont eux bien réels. Découverts en 1972 au large de Riace, ces icônes de l'art grec (v. 455 av. J.-C.) font la fierté d'une ville plusieurs fois détruite. Alentour, oliviers et vergers poussent sur les pentes fertiles de l'Aspromonte. Bénéficiant d'une appellation d'origine, la bergamote couvre les champs et fournit 95 % de la production mondiale. Ce citron mutant entre dans la composition de spécialités locales au parfum suave et piquant : huiles essentielles, cosmétiques, liqueurs…

Depuis l'Aspromonte, vue du littoral de Reggio de Calabre qui fait face à la Sicile, à la croisée de la mer Ionienne et de la mer Tyrrhénienne.

Scilla

Mythique rocher

Depuis l'époque de la Magna Grecia, Scilla est réputée pour la pêche à l'espadon pratiquée au harpon. Entre légende homérique et port pittoresque, la ville-écueil de la Costa Tirrenica attire l'été, par ses charmes, plus d'un touriste en ses filets.

D'après la mythologie, c'est ici que le monstre Scylla, nymphe changée en une hideuse créature à 6 têtes et 12 pieds, guettait les navires pour dévorer leur équipage, à commencer par celui d'Ulysse… Plus un seul visiteur n'est saisi d'effroi depuis que la bouche de l'hydre tueuse accueille une madone déposée dans une anfractuosité de la roche en mémoire des marins emportés par les forts courants côtiers plus sûrement que par la bête. De chaque coin du bourg, la mer est visible. En prise directe avec les flots, certaines maisons ont des fondations à fleur d'eau, accrochées au récif bordant le littoral. Central, le promontoire rocheux qui sert de perchoir au château Ruffo (XIIIe), divise Scilla en deux. Repaire des pêcheurs d'espadon, la Chienalea est un quartier populaire avec son unique rue parallèle au rivage, son port naturel et ses cales à bateaux. De l'autre côté, dans un registre moins folklorique, la Marina forme avec la plage des Sirènes un ensemble touristique attrayant.

© nata_rass - Fotolia.com

Scilla n'est plus un monstre, mais elle a encore deux « têtes » : d'un côté la Marina Grande, de l'autre le faubourg des pêcheurs de la Chianalea.

Stilo

Bijou de l'art byzantin

L'un des plus importants chefs-d'œuvre byzantins de Calabre s'élève sur le flanc du mont Consolino, avec en toile de fond l'écrin de la forêt de sapins et de hêtres de la Ferdinandea : la Cattolica de Stilo et son « quintette » de coupoles radieuses.

Fuyant les attaques perpétrées sur les côtes par les Sarrasins, une communauté d'exilés a fondé Stilo, dont le territoire était fréquenté par les hommes depuis l'âge du bronze. Dans les cavités naturelles du mont Consolino, des ermites et des moines basiliens venaient déjà chercher le silence. Des pèlerins prient d'ailleurs encore dans les grottes de la Pastorella, de Santa Maria di Tramontana et dell'Angelo. Affichant leur culte au grand jour, les Byzantins ont alors construit la Cattolica. Coiffée par 5 petites coupoles cylindriques parées de fenêtres géminées par lesquelles la lumière de la côte filtre, cette église présente un plan centré en croix grecque d'une symétrie parfaite. Sur le parement de briques, quelques fragments de fresques. Élevé au XIe siècle, l'édifice illustre la domination byzantine sur toute la région, comme à Rossano qui conserve de cette époque florissante le précieux codex *Purpureus Rossanensis*, orné de miniatures rehaussées d'or et d'argent (Ve-VIe siècle).

À l'intérieur du joyau byzantin de la Cattolica de Stilo, 4 colonnes romaines compartimentent harmonieusement l'espace en 9 parts identiques.

Tropea

Le port d'Hercule

Petit parangon du tourisme calabrais, Tropea niche sur un caillou qui émerge d'une mer lapis-lazuli, régnant ainsi les golfes de Santa Eufemia et de Gioia. Une station balnéaire quasi insulaire et dotée d'un joli patrimoine, notamment religieux.

Située sur la mer Tyrrhénienne et rattachée à la province de Vibo Valentia, la rade de Tropea a peut-être une origine mythique. La légende assure que son fondateur serait Hercule, qui se serait aménagé ici une halte à son retour d'Espagne. Les historiens Pline et Strabon attestent plus sûrement qu'elle fut un port de commerce romain. Désormais, face aux îles Éoliennes, c'est vers la plaisance que sa cale est tournée. Le point d'ancrage idéal pour une excursion vers le volcan Stromboli dont les contours se précisent au loin par temps clair. Outre ses somptueuses plages de sable blanc, Tropea se flatte de posséder de gracieux *palazzi*, une cathédrale romane normande (XIIe) et un musée diocésain qui abrite en son palais épiscopal une captivante collection d'icônes et d'œuvres religieuses (XIIIe-XVIIIe siècle). Plus divin encore, le sanctuaire bénédictin de Santa Maria dell'Isola se dresse sur l'îlot solitaire qui sert de proue au village, entouré de ses jardins méditerranéens délicieusement fleuris.

Telle une vigie de pierre au-dessus des plages, le monastère bénédictin de Santa Maria dell'Isola a fière allure sur son promontoire rocheux.

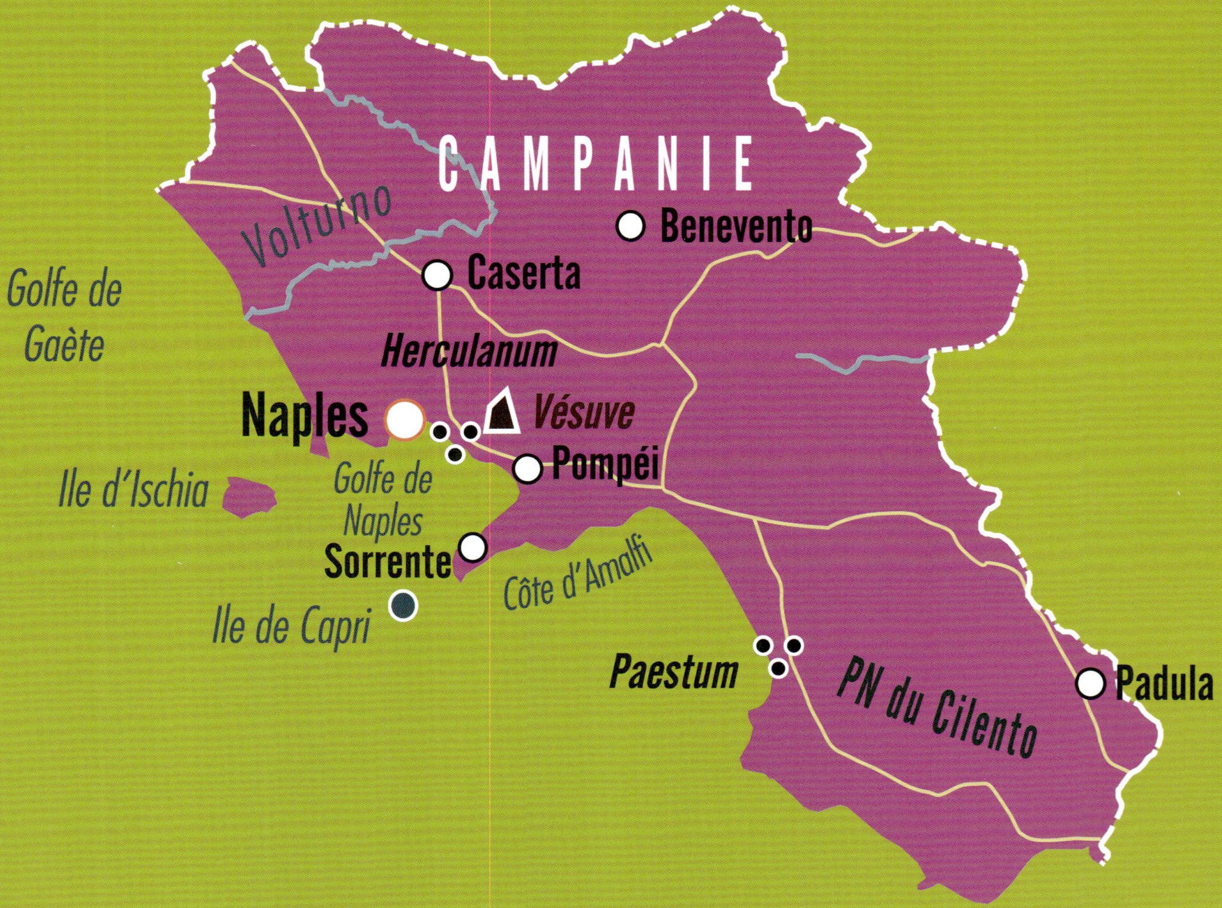
CAMPANIE
Benevento
Caserta
Volturno
Golfe de Gaète
Herculanum
Naples
Vésuve
Pompéi
Ile d'Ischia
Golfe de Naples
Sorrente
Côte d'Amalfi
Ile de Capri
Paestum
PN du Cilento
Padula

Campanie

Ile de Capri

Souveraine de la vie mondaine

Incontestable reine de beauté de la Méditerranée, l'île de Capri se love dans la baie de Naples, face à la péninsule de Sorrento. Escortée par les Faraglioni, trois récifs des plus photogéniques, sa majesté aimante les célébrités depuis l'Antiquité.

Pétris par l'érosion, les pics des Faraglioni sont comme des phares rocheux en faction devant l'île, confetti ultra chic de 6 kilomètres par 3. Depuis le belvédère de Tragara, terminus d'une route qui enlace la côte, une vue panoramique s'ouvre sur la mer et ces rochers émergés. Sublime, le site est celui d'une des 12 villas impériales de Capri décrites par Tacite. Résidence de Tibère, la plus vaste s'étalait sur 7 000 mètres carrés de terrasses et 13 000 mètres carrés de jardins : des vestiges à découvrir sur le site archéologique de la villa Jovis. Un même luxe caractérise les villas contemporaines de San Michele et Malaparta. Avec son parc orné de statues antiques, la première fut la demeure du philanthrope suédois Axel Munthe à Anacapri. L'autre, vénusté accessible depuis la Piazzetta de Capri, au sommet du funiculaire de Marina Grande, servit de décor au chef-d'œuvre de Jean-Luc Godard : *Le Mépris*. Du port, une excursion en mer vers le halo bleuté de la Grotta Azzurra cause une même émotion pure.

Depuis les flancs du Monte Solaro, vue plongeante sur les célèbres Faraglioni et sur la baie de Capri, l'île préférée de la jet-set.

Côte d'Amalfi

L'échancrure divine

Du *lungomare* de Salerne à la péninsule sorrentine, le littoral amalfitain est une merveille d'équilibre. Rythmant un décor enjôleur, de pittoresques bourgs nichent dans les baies, petits miracles d'architecture dressés au-dessus de flots cristallins.

Dans ce coin d'Olympe, le génie humain s'est allié à la nature pour créer l'un des plus beaux parcours de la côte italienne. Agrippés à la roche avec leurs maisons aux façades et aux toitures chamarrées, les villages de marins se relayent dans une ambiance très gaie. Une douzaine de « perles » constitue ce sautoir coloré dont les beautés enluminent le paysage de bord de mer qui, du ciel à l'horizon, joue une ode poétique magnifiée par le soleil. Aux bleus intenses et lumineux du littoral se mêle le vert d'une végétation luxuriante, de falaises en maquis. Ponctuée de bougainvilliers, une nuée de citronniers embaume les jardins privés, parmi les vignes et les cyprès. Le circuit de la bien nommée « côte divine » passe successivement par la médiévale Salerno, les populaires Vietri sul Mare, Cetara et Mairori, les luxueuses villas de Ravello, la candide Atrani, Amalfi et son cloître du paradis, Minori la romaine, Praiano, Positano et ses îles Sirènes pour finir par l'éden fleuri de Sorrento.

La côte d'Amalfi et les coupoles de l'église de l'Annunziata vues depuis les élégants jardins de la Villa Rufolo, à Ravello.

Golfe de Naples

L'alliance de l'eau et du feu

Des champs Phlégréens à la péninsule de Sorrento, le golfe de Naples affiche une nature ambivalente : territoire de feu au nord de Naples et aux pieds du Vésuve, sa province verdoie davantage au sud, en direction des eaux de Castellammare di Stabia.

Étymologiquement et géologiquement parlant, les Campi Flegrei sont des champs brûlants. Cette ardente appellation est due à l'activité volcanique, nettement plus calme aujourd'hui qu'hier, et aux fumerolles vaporeuses qui firent la réputation de Naples dès l'Antiquité. Les ruines de l'ensemble thermal de Baia, vaste complexe de sources chaudes, sulfureuses ou salines vanté par Pline et villégiature prisée de César, ou les étuves sulfureuses de Solfatara, surnommées « forum Vulcani », l'attestent. Nombril de la région et du golfe, le Vésuve qui domine la province a modelé les courbes du paysage, coulé dans la lave. Même les îles idylliques de Capri, Ischia et Procida sont ses « rejetons » magmatiques. Au-delà d'Herculanum et de Pompéi, dans le creux de la pince formée par le golfe napolitain, la campagne fleurit. Orangers et citronniers campent le décor de la péninsule sorrentine. Porte d'entrée de ce trésor naturel, Castellammare di Stabia est toujours une destination pour le thermalisme.

L'eau de la mer et la terre de feu du Vesuvio qui veille en arrière-plan composent le paysage féérique du golfe de Naples, si cher à Lamartine.

Herculanum

La ville ressuscitée

En l'an 79, l'éruption du Vésuve piégeait la cité et ses habitants dans une gangue volcanique. En se solidifiant, le torrent de boue meurtrier a pétrifié le site et les plus périssables des matériaux : bois, étoffes, denrées alimentaires…

Lieu de villégiature prisé des riches patriciens, Herculanum plonge les visiteurs dans la vie quotidienne des Romains les plus aisés il y a 2000 ans. Au XVIIIe siècle, la découverte fortuite de marbres anciens a mis les archéologues sur la piste de la cité perdue, enterrée par endroits sous une muraille de tuf atteignant 20 mètres de haut. La particularité des fouilles d'Herculanum est de révéler ce qui a disparu ailleurs : charpentes, cloisons en treillage de bois, escaliers, portes, lits matrimoniaux… comme à la Casa del Tramezzo carbonizato. À l'instar de la Casa dell'Atrio a mosaico et de la Casa del Mosaico di Nettuno e Anfitrite, de nombreux pavements carrelés ont été mis au jour, ainsi que des fresques et des statues, à l'exemple de la Casa dei Cervi et son groupe de cerfs sculptés. Boutiques, arcades portuaires, thermes, boulangerie, théâtre… ont été dégagés, ainsi qu'une collection fabuleuse de 800 papyrus issus de la bibliothèque de la villa du beau-père de César.

La maison de Neptune et d'Amphitrite comprend, installé dans une courette, un triclinium d'été décoré d'un nymphée et de mosaïques raffinées.

Ile d'Ischia

Terre réparatrice

Séparée du continent par quelques lieux marins, mais plus au large encore que la micro-île sauvage de Procida, Ischia est un bout de terre volcanique terriblement attractif. Son environnement naturel et ses eaux curatives : tout en elle régénère.

C'est d'abord une lumière, douce et enveloppante. « L'île verte » est bien plus qu'un pseudonyme, c'est la promesse d'une évasion en mode détente. Taillées à vif dans la roche magmatique, les côtes d'Ischia sont couvertes de pinèdes et de vignes au charme typiquement méditerranéen. Leurs échancrures ouvrent sur une suite de plages et de criques enchanteresses où le sable a parfois – origine cendreuse oblige – une couleur noire étonnante… Éteint, le cratère originel d'Ischia accueille un port, relié au majestueux Castello Aragonese d'Ischia Ponte par le corso Vittorio Colonna. Ici, la radioactivité naturelle des eaux est la marque d'un thermalisme de pointe servi par des établissements ultra chic établis sur la plage des Maronti jouxtant le petit port de pêcheurs de Sant'Angelo, mais aussi au Lacco Ameno ou sur le cap Imperatore qui surplombe la plage de Citara. Pour contempler ces beautés, le Monte Epomeo ou le jardin botanique tropical La Mortella sont tout indiqués.

Couleurs pastel et mer turquoise : le cliché apaisant d'Ischia Ponte, sur la plus grande des îles Phlégréennes.

Chartreuse de Padula

Immense chef-d'œuvre baroque

Près de la région de Basilicate, l'ensemble monastique de la Certosa di San Lorenzo di Padula appartient au Patrimoine mondial de l'Unesco, au même titre que le parc national du Cilento et du Val de Diano et que les aires archéologiques de Paestum et de Velia.

Situé à Padula, ce monastère est monumental. Formé d'une église, d'un cloître, de jardins et de bâtiments conventuels, il s'étend sur plus de 5 hectares, ce qui en fait l'un des plus importants sites monastiques du sud de l'Italie. Si ses dimensions lui confèrent une indéniable majesté, le décor assure l'unité. Bien que l'édification se soit échelonnée sur plusieurs siècles depuis sa fondation par Tommaso Sanseverino en 1306, le style baroque domine, comme sur l'exubérante façade maniériste. Dans la citadelle religieuse, la règle de l'ordre a imprimé sa marque. Ainsi, comme les logements des moines, l'église est séparée en 2 chœurs. Proche du presbytère, celui des frères convers est dit « de la maison basse ». L'autre, réservé aux pères, est voué à la contemplation et au silence absolu, il est dit « de la maison haute ». Le cloître de la Foresteria, l'appartement du prieur, l'escalier elliptique à double rampe, les majoliques de la bibliothèque et de la cuisine sont extraordinaires.

La chartreuse accueille aussi le siège du musée archéologique de la Lucanie et ses collections allant de la préhistoire à l'époque hellénistique.

Vésuve

Un colosse au tempérament explosif

Véritable monument de la nature, le Vésuve campe au sud de la chaîne principale des Apennins, à l'est de Naples. Tantôt majesté admirée pour sa beauté, tantôt monstre redouté, le plus actif volcan d'Europe continentale domine toute la Campanie.

Avec ses 1 281 mètres, le Vésuve n'est pas un géant mais un ogre. En 79, son éruption a précipité les derniers jours de Pompéi, de Herculanum, d'Oplontis et de Stabies, ensevelies sous la pluie de cendres et de boue que crachait sa bouche de feu. Aujourd'hui, le diable endormi fait la « sieste ». Mais il reste l'unique volcan d'Europe continentale entré en éruption au siècle dernier, en 1944, les autres en Italie étant insulaires : l'Etna sicilien et le Stromboli des îles Éoliennes. Seulement 9 kilomètres séparent le volcan de la deuxième ville du pays, qui compte 4 millions d'habitants… En 1995, moulés dans les coulées de lave solidifiées, les paysages de sa montagne mystérieuse ont été classés parc national. Les vignobles produisant le fameux lacrima-christi, les cerisiers et les abricotiers couvrent les pieds fertiles du Vésuve et du mont Somma. D'Ercolano, un chemin en spirale s'enroule autour du cône du cratère jusqu'à la gueule colossale du monstre : une immanquable balade en enfer !

Le cône du Vésuve depuis Pompéi. Hasard du calendrier romain, l'irruption de 79 aurait débuté le lendemain de Vulcanalia, la fête du dieu du Feu.

Paestum

La plaine des dieux

La commune de Capaccio-Paestum possède un patrimoine d'une immense valeur que l'Unesco a inscrit au Patrimoine de l'humanité : le vaste site archéologique de Paestum, doté de trois grands temples grecs et d'édifices publics d'époque romaine.

Sur une pelouse constellée de fleurs de pissenlits, de bourrache et d'asphodèles, se dressent les vertigineuses ruines des temples d'Héra, de Neptune et de Cérès, dans leur bel appareillage doré. Le premier, baptisé « Basilica » par ses découvreurs au XVIIIe siècle longe la via Sacra. Avec ses 9 colonnes d'aspect archaïque en façade et ses 18 colonnes de côté, il est le plus ancien des 3 sanctuaires (milieu du VIe siècle av. J.-C.). Admirablement conservé et de style dorique aussi, le second a 100 ans de moins et s'inspire du temple de Zeus à Olympie. Plus petit, le gracieux Tempio di Cerere mêle colonnes doriques à l'intérieur et pronaos ionique. Remparts, portes monumentales, amphithéâtre romain, marché couvert (*macellum*), édifice pour les élections des magistrats (*comitium*), *gymnasium* et hypogée (…) semblent parfaire l'antique cité grecque de Poseidonia. Inestimables trésors issus des fouilles, les peintures funéraires de la tombe du Plongeur et les bas-reliefs des métopes sont conservés au musée.

Les métopes qui paraient le temple d'Héra sont au musée archéologique national de Paestum, qui expose objets mortuaires, vases, armes et fresques…

Palais royal de Caserte

Un acmé d'architecture et de décoration

Autre site distingué par l'Unesco, la Reggia di Caserta fut une résidence de la famille royale des Bourbons de Naples. Ce somptueux palais inclut un parc boisé et des jardins magnifiques.

Ensemble monumental conçu par l'architecte Luigi Vanvitelli pour rivaliser avec Versailles, le palais de Schönbrunn de Vienne ou le Palacio Real de Madrid, le palais royal de Caserte couvre 45 000 mètres carrés, auxquels s'ajoute la bagatelle de 120 hectares de jardins. Sa réalisation a été entreprise au milieu du XVIIIe siècle par Charles de Bourbon. Herculéen, le chantier durera 22 ans. Ordonné autour de 4 cours selon un plan d'une grande rigueur, le palais est un rectangle qui frôle les 250 mètres par 200. Derrière l'imposante façade, pas moins de 1 200 chambres sont distribuées grâce à une trentaine d'escaliers, à l'instar de la rampe d'honneur constituée d'une double volée de 116 marches et ornée de lions de marbre. Dans chaque salle, une débauche d'or et de stuc, de fresques, de bas-reliefs et de marqueterie crée un décor d'apparat. Dehors, alimentée par un aqueduc, une kyrielle de fontaines, bassins et cascades artificielles agrémente les allées, ornées de statues mythologiques.

Le long de l'allée du parc derrière le palais, une enfilade de statues, de bassins et de fontaines où les muses sont reines.

Parc national du Cilento

De grands espaces et des grottes

Au sud de la Campanie, ce parc comprend une zone de côtes et de montagnes intérieures comprise entre la plaine du Sele au nord, la Basilicate à l'est et au sud et la mer Tyrrhénienne à l'ouest.

Du point de vue géographique, le territoire du Cilento et de la fertile vallée de Diane séparait les colonies grecques de la Magna Grecia des peuples étrusques et lucaniens. À la croisée de voies commerciales depuis la préhistoire, ce paysage culturel couvre les aires archéologiques de Paestum et de Velia et la chartreuse de Paluda. Il recèle aussi des richesses naturelles. Longeant la côte entre Agropoli et Sapri, les villages pittoresques traversés ne sont pas les seules curiosités dignes d'intérêt. Gardant l'entrée du golfe de Policastro, le cap Palinuro est truffé de cavités, telle la Grotta Azzura. Au-dessus, dans le secret des montagnes intérieures, d'autres gouffres, terrestres cette fois. Sous le dense manteau vert des hêtraies se cachent, dans le réservoir de lacs souterrains, des cavernes tapissées de superbes formations géologiques. À Pertosa, la grotte de l'Ange est réputée pour sa salle des éponges, alors que Castelcivita forme une cathédrale de concrétions aux formes bizarres.

Le cap Palinuro porte le nom d'un marin tombé à la mer : le maître d'équipage d'Énée, héros de la guerre de Troie chanté par le poète latin Virgile.

Pompéi

L'expression saisissante d'un art de vivre

Durant les 1600 ans qui suivirent son ensevelissement sous le linceul des cendres du Vésuve, Pompéi connut l'oubli. Sa redécouverte au XVIIe siècle passionna le monde. Une émotion toujours vive pour qui pénètre ce haut lieu du patrimoine universel.

Porté au pinacle de la culture par l'Unesco, le site de Pompéi est un must dont la splendeur rejaillit sur toute la Campanie. Les 98 hectares libérés des pierres ponces fournissent une chronique détaillée de l'opulente vie de ces patriciens romains dont les spectres, figés pour l'éternité dans des postures de fuite, marquent la visite. Au jour de la catastrophe, Pompéi était au faîte de sa renommée. Ponctuée de temples et bordée d'une nécropole, la cité aisée comprenait 2 forums, une basilique abritant les magistrats, un marché, un four de boulanger, des boutiques, des cafés-traiteurs, des théâtres, une caserne de gladiateurs, un lupanar, des thermes alimentés par un aqueduc, ainsi que des fontaines et des latrines… Comble du faste, les villas ont révélé des mosaïques, des fresques et des objets somptueux. Sous des rangées de cyprès, au bout de la très mélancolique la via delle Tombe jonchée de monuments funéraires et de mausolées, l'un des chefs-d'œuvre absolus : la villa des Mystères.

Les étapes d'un rite dionysiaque constituent le décor des fresques de la villa des Mystères, la plus belle des demeures pompéiennes.

Sorrente

Le verger des sirènes

Localité touristique où il fait bon vivre, la ville du Tasse jouit d'un cadre empreint de poésie. Allongée sur une terrasse de roche tufière à pic sur la mer, Sorrento a donné son nom à la plus verte des cornes campaniennes s'avançant en Méditerranée.

Sur les terrasses étagées de Sorrento, agrumes et vignes prennent le soleil. La péninsule cloisonnant les golfes de Naples et Salerne est un jardin odorant, piqueté de citronniers et d'orangers au parfum capiteux. Comme la liqueur jaune et digestive du Limoncello, la station climatique et balnéaire bénéficie d'une douceur sur laquelle l'hiver n'a que peu d'emprise. Située sur la côte nord de la péninsule sorrentine qui garde l'entrée du golfe de Naples et vit passer autrefois plus d'un conquérant, la cité est bornée d'un rempart du XVIe siècle protégeant ses hauteurs. Intra-muros, le plan perpendiculaire est un bon indice de l'occupation romaine, dont la plus éloquente des traces, les vestiges romains de la villa di Pollio Felice, est visible 3 kilomètres à l'ouest, à la Punta del Capo. Outre la façade néogothique du *duomo* et le cloître de l'église de Saint-François-d'Assise, il faut visiter le musée Correale di Terranova pour ses typiques pièces en bois précieux, délicatement marquetées.

Bénéficiant d'une vue à couper le souffle sur le Vésuve et le port de Sorrente qui enchanta Wagner, Verdi et Caruso : la villa Niccolini.

Naples

Gigantesque microcosme

Cité tentaculaire, Naples n'en finit pas de s'étirer entre le Vésuve et la zone volcanique des champs Phlégréens. Kaléidoscope artistique, son centre-ville, le plus grand d'Europe, figure en bonne place sur la liste du Patrimoine mondial de l'Unesco.

Depuis 2 800 ans, Naples occupe le devant de la scène historique. Son architecture permet d'appréhender sa richesse patrimoniale, issue de toutes les périodes et nourrie de mille influences artistiques. Cet éminent microcosme compte 450 églises parmi lesquelles le Duomo San Gennaro et les basiliques San Gennaro fuori le mura, San Lorenzo Maggiore, Santa Chiara, San Pietro ad Aram et San Paolo Maggiore. À l'emplacement de la Neapolis grecque, le centre antique du Spaccanapoli grouille de vie. Au-delà de la via Chiaia et du *lungomare*, le Castel dell'Ovo, le plus vieux château de Naples (VIIe-XVe), a presque les pieds dans l'eau, pendant côtier du Castel Nuevo (XIIIe), qui domine le cœur monumental de la ville et ses quartiers espagnols. Clôturant la symétrie de la monumentale Piazza del Plebiscito, le palais royal de Naples (XVIIe-XIXe) se tient non loin du plus vieil opéra d'Europe, le Teatro San Carlo (XVIIIe)… Une densité culturelle qui n'a d'égale que celle de la population.

Inspirée du Panthéon de Rome, l'église San Francesco di Paola ferme l'hémicycle de la monumentale place du Plébiscite, face au Palais royal.

Naples

Populaire et muséale

Toute à la fois cultivée et plébéienne, profane et sacrée, Naples a connu bien des mécènes et chéri tous les arts sans exception. Instruments, opéra, joaillerie, santons ou chefs-d'œuvre plus rares encore, la ville entière est un cabinet de curiosités.

Dans le cœur illustre de Naples, la via San Gregorio Armeno fête Noël toute l'année. Cette rue très animée est dédiée à l'artisanat des crèches de la Nativité. La tradition des santons remonte à l'époque romaine durant laquelle un temple dédié à Cérès s'élevait dans le quartier. Déjà, les fidèles offraient à la déesse de la fécondité de petits ex-voto en terre cuite issus d'ateliers adjacents… Maîtres luthiers ou orfèvres, Naples cultive ses savoir-faire, parties prenantes de son histoire. En contrepoint de ces traditions populaires bien vivantes, il y a les chefs-d'œuvre de la sculpture et de la peinture conservés par les grands musées de la ville. Le Museo archeologico nazionale expose d'inestimables sculptures gréco-romaines, des objets d'art, des mosaïques et des fresques issus des fouilles d'Herculanum et de Pompéi. Bellini, Titien, Masaccio, Le Caravage ou Bruegel sont magnifiquement représentés au sein de la collection Farnese visible à la pinacothèque du Palazzo e Galleria nazionale di Capodimonte.

L'art santonnier, qui a connu son âge d'or au XVIIIe siècle, mêle volontiers le sacré et le profane grâce à l'imagination de ses créateurs.

Naples

Sa cuisine, tout un symbole

À Naples, le bonheur se cueille dans la rue, à la terrasse des restaurants. Paradis pour les amateurs de pizzas au four et de pâtes al dente, Napoli est une destination gastronomique sans chichis, populaire et authentique : un délice de mets simples.

« Voir Naples et mourir ». Mais pas sans avoir mangé auparavant… Telle pourrait être la devise de tout amoureux de l'Italie, alléché par la cuisine ensoleillée de Campanie. Patrie de la pizza, Naples a inventé la recette de la plus célèbre de toutes. Portant l'emblème du drapeau italien (le rouge de la tomate, le blanc de la mozzarella di buffala campana, fabriquée localement, et le vert des feuilles de basilic), la Margherita a été créée spécialement pour la reine de Savoie, de passage en 1889. Symboliquement, cette pizza tricolore fête le rattachement du royaume de Naples à l'Italie. Accommodés de différentes manières, les spaghettis sont l'autre grand sommet de la gastronomie napolitaine. Leur cuisson réclame une précision avec laquelle aucun cuisinier ne transige : retour aux saveurs originelles garanti. Autre douceur à déguster au son d'une chanson napolitaine, la *sfogliatella*est une pâtisserie conique, sorte de mille-feuille fourré à la ricotta, aux zestes d'orange et aux fruits confits.

© Comugnero Silvana - Fotolia.com

Ici ce n'est un secret pour personne, Polichinelle, alias Pulcinella le bouffon napolitain ventripotent de la commedia dell'arte, est un gourmand !

Plaisance
Parme
Reggio d'Émilie
ÉMILIE-ROMAGNE
Modène
Ferrare
Bologne
Reno
Ravenne
Faenza
Forlì
Rimini
SAINT-MARIN

Émilie-Romagne

Bologne

Une érudite flamboyante et gourmande

Capitale d'Émilie-Romagne, à mi-chemin entre le Pô et les Apennins, Bologne a conservé tout son faste. Qu'on la surnomme « la savante », « la rouge » ou encore « la grasse » pour ses ripailles, cette perle médiévale vaut plus qu'un simple crochet.

Si Bologne, étape essentielle du « Grand Tour » au XVIIIe siècle, a perdu de son aura touristique, sa superbe est intacte. La fondation de cette ville d'art remonte aux Étrusques. Le Moyen Âge – dont elle est l'une des cités les mieux préservées d'Europe – y est représenté à son apogée. La doyenne des universités occidentales a vu le jour en ses murailles, en 1088, et il faut visiter les sièges de l'ancien *studium* : le palais de l'Archiginnasio, le théâtre d'anatomie, les musées universitaires, le musée médiéval… La docte s'avère charmante, avec la terre cuite de ses façades et ses toits vermillon que veillaient hier 180 tours, dont celles de Garisendi et celle des Asinelli sont les rescapées. Contiguës, les Piazze Maggiore et del Nettuno (XVe) forment un complexe architectonique exceptionnel avec le palais d'Accursio, le palais des Notaires, le palais des Banquiers et l'énorme église gothique San Petronio… Quarante kilomètres d'arcades relient le bâti médiéval et renaissant, tissant un singulier lacis de galeries.

« Gratte-ciel » de son temps, la tour nobiliaire des Asinelli (XIIe) offre une vue plongeante sur Bologne du haut de ses 97 mètres.

Delta du Pô

En symbiose avec le fleuve

Autrefois insalubre, le triangle formé par l'embouchure du fleuve Pô et la partie est de sa plaine longeant la mer Adriatique est aujourd'hui une aire protégée. Zones humides et saumâtres distinguent ce décor agricole parcouru de drains et de biefs.

Progressivement assaini grâce aux actions de captage réalisées par les canaux de régulation hydraulique, le territoire du parc régional du delta du Pô d'Émilie-Romagne couvre 52 000 hectares au caractère unique. Mêlant marécages et écosystèmes salés, ce paysage façonné par l'eau intègre les centres historiques de Ferrare, Cervia, Comacchio, Mesola, Ravenne, Spina et Voghiera. Et plus particulièrement l'abbaye carolingienne de Pomposa établie sur le lac Giralda, au sud de l'embouchure du Pô, sur des terrains marécageux, à la lisière de l'Adriatique, et dont la fondation remonte au VIe siècle, tout comme la basilique byzantine Saint-Appolinaire in Classe, située dans l'ancien port antique de Ravenne, désormais ensablé. Parmi les beautés naturelles à arpenter : les marais de Comacchio avec leurs typiques cabanons de planches, de paille et de cannes destinés à la pêche aux anguilles, les salines de Cervia, la poche lagunaire de Goro, la forêt inondable de la Panfilia ou celle côtière de Masola…

Dans les zones humides du delta du Pô, des sentiers pédestres ponctués de points d'observation de la faune et de la flore ont été aménagés.

Faenza

Égérie de faïence

Dans le domaine de la céramique, la réputation de Faenza n'est plus à faire. Nichée parmi de verdoyantes collines préapennines, entre Imola et Forlì, cette petite ville est connue dans le monde entier pour ses productions vernissées ou émaillées.

En plusieurs langues, son toponyme signifie « faïence ». D'origine romaine, la cité a accueilli très tôt des ateliers de céramique. À la Renaissance, sous l'influence de la puissante famille Manfredi, les majoliques colorées de Faenza s'exportent au-delà des frontières de l'Italie, dans la plupart des pays d'Europe. Une gloire jamais éteinte, comme en attestent le musée international de la Céramique et les 60 ateliers encore en activité. Parmi les atours reflétant cette prospérité, la cathédrale de Faenza (XVe siècle), qui se dresse sur la Piazza della Libertà, s'inspire, avec sa façade dénuée d'ornements, de la basilique San Lorenzo réalisée à Florence par Brunelleschi. Dans le prolongement, les arcades de la Piazza del Popolo sont bordées par le palais du Podestat (XIIe siècle) et le palais du Capitaine du peuple (XIIe-XVIIIe siècle) qui, avant d'abriter la mairie, fut la demeure des Manfredi. Depuis 1164, le tournoi de chevaliers du Palio del Niballo plonge en juin la ville dans une fébrilité médiévale.

Incomparable, l'éclat des couleurs de la céramique de Faenza avec ses motifs de plumes de paon et de palmettes perses.

Ferrare

Tout l'esprit de l'humanisme

Autour d'un gué sur le Pô, la cité façonnée par la famille ducale d'Este fut un immense creuset intellectuel et artistique, attirant les plus grands artistes et esprits de la Renaissance italienne. Son centre historique figure au Patrimoine mondial de l'Unesco.

La statue du dominicain Girolamo Savonarole qui, régnant en théocrate sur Florence, condamna d'inestimables livres et œuvres d'art à périr sur son triste bûcher des vanités, trône sur le parvis du Castello Estense. Dans cette citadelle dotée de quatre ponts-levis (XIVe siècle) et décorée de fresques résidait la brillante maison d'Este. Du XIIe au XVIe siècle, cette dynastie de mécènes fit de Ferrare un centre culturel florissant. La famille ducale finança l'actuel hôtel de ville (XIIIe siècle), le Palazzo Schifanoia (XIVe siècle), dont les fresques du salon des Mois combinent mythologie et astrologie, le Palazzina di Marfisa d'Este, où Le Tasse écrivit en résidence *La Jérusalem délivrée* relatant les amours de Renaud et Armide, le Palazzo dei Diamanti, siège de la Pinacothèque nationale, situé sur le divin carrefour des Anges… Érigé dans le style romano-gothique lombard, le *duomo* est l'épicentre de la vieille ville moyenâgeuse qui se déploie alentour, rues San Romano et delle Volte, près de l'ancien ghetto juif.

En haut de la cathédrale Saint-Georges, édifice du XIIe siècle à trois pans symétriques, l'auvent gothique narre le jugement dernier.

Modène

L'autre cour des ducs d'Este

Au mitan de l'antique via Aemilia raccordant Plaisance à Rimini, Modène rayonne triplement : pour son bâti médiéval et renaissant, pour son vinaigre et grâce à l'industrie automobile puisqu'elle est le fief des mythiques Ferrari, Maserati et Lamborghini.

Non loin de Maranello et de Sant'Agata Bolognese, cette ancienne colonie romaine fut successivement ravagée par Attila et par une crue, au Ve et VIe siècle. Passant dans le giron toscan, elle est ensuite rattachée au duché de Ferrare et de Modène. Contrairement à Ferrare, devenue papale dès 1598, Modène reste dans la maison d'Este jusqu'à la Révolution française. Héritage culturel du XIIe siècle classé par l'Unesco, la cathédrale romane San Geminiano et son campanile de 88 mètres sont l'œuvre de 2 illustres artistes : l'architecte Lanfranco et le sculpteur Wiligelmo. Sur le flanc droit du *duomo*, la quadrangulaire Piazza Grande accueille l'ancien palais ducal auréolé d'une tour horlogère (XVIIe siècle) où siège l'Académie d'infanterie et de cavalerie, tandis que la galerie et la bibliothèque Estense, rassemblées au palais des Muses (XVIIIe siècle), renferment des peintures des maîtres vénitiens, ferrarais et bolognais, la très précieuse Bible enluminée de Borso d'Este et le bréviaire d'Ercole Ier (XVe siècle).

Toute la Piazza Grande est classée par l'Unesco : le duomo*, la tour Ghirlandina, l'ancien Palais ducal et celui de l'archevêque.*

Parme

Capitale musicale

Que sa tradition culinaire (l'excellent jambon et le parmesan d'appellation origine protégée) n'occulte pas le reste : patrie du peintre Parmiggiano et du génial chef d'orchestre Arturo Toscanini, Parme célèbre les arts et la musique en particulier.

Berceau de Verdi qui a grandi non loin, à Busseto, Parme a l'oreille fine depuis qu'au XVIe siècle les Farnese ont prôné l'enseignement musical pour tous. Au Théâtre royal, temple lyrique voulu par la duchesse Marie-Louise d'Autriche, se déroule un festival dédié à l'auteur de la Traviata, tandis que l'orchestre symphonique de l'Émilie-Romagne siège dans un auditorium design signé Renzo Piano. Parmi les richesses architecturales, l'ensemble roman formé autour du *duomo* hisse une coupole décorée de fresques du Corrège, comme l'église Saint-Jean-l'Évangéliste et la Camera di San Paolo. Se distinguant de la quinzaine de palais, celui de La Pilotta accroche à ses cimaises les œuvres de Léonard de Vinci, du Parmesan, du Corrège… Une autre curiosité y attend les mélomanes : le théâtre Farnèse (XVIIe siècle). Édifice éphémère inspiré du théâtre olympique de Vicence et du théâtre antique de Sabbioneta, ce bijou de bois et de plâtre a été restauré selon les plans d'origine.

Dans l'octogone de marbre rose du baptistère du dôme de Parme, les fresques relatent des épisodes christiques et La Légende dorée.

Plaisance

Le legs des Farnèse

Campé sur la rive droite du Pô, à la frontière entre l'Émilie-Romagne et la Lombardie, Piacenza a pour toile de fond un paysage collinaire hérissé de tours et de clochers. Ne dépareillant pas, ses palais nobiliaires et ses musées sont des étapes obligées.

Parmi les vignes, les bourgs fortifiés de Castell'Arquato et Vigoleno ne manquent pas de grâce avec leurs châteaux médiévaux, emblématiques de la province de Piacenza. Avant de passer aux mains des Bourbons, elle fut administrée par les Farnèse au sein du duché de Parme et de Plaisance, de 1545 à 1731. Au cœur de la cité, les statues équestres qui bondissent sur la Piazza dei Cavalli représentent le duc Alexandre et son fils Ranucio. Surplombant ces œuvres baroques (XVIIe siècle) à la gloire de l'ancienne famille ducale, le palais communal (XIIIe siècle) mérite son surnom de « Gotico ». Aujourd'hui siège des musées municipaux, l'opulent Palazzo Farnese, réalisé par Vignole, renferme une Vierge à l'enfant de Botticelli et un mystérieux foie en bronze destiné à la divination étrusque. *Ecce Homo*, chef-d'œuvre signé Antonello da Messina, est quant à lui conservé à la pinacothèque du Collegio Alberoni. Autres rendez-vous à honorer : les visites du dôme roman et des églises Savino, San Sisto et Sant'Antonino.

L'architecture gothique lombarde du Palais communal où la brique rouge contraste avec l'ornementation de marbre blanc.

Ravenne

Reine de Byzance

Mondialement réputés, les monuments paléochrétiens et les mosaïques de Ravenne figurent sur la très sélective liste des prodiges du patrimoine dressée par l'Unesco. L'ancienne capitale de l'Italie byzantine est une éternelle reine de beauté.

Capitale de l'Empire romain au Ve siècle, puis de l'Italie byzantine jusqu'au VIIIe siècle, Ravenne possède 8 bâtiments édifiés aux Ve et VIe siècles. Deux mausolées figurent dans ce trésor enjolivé de somptueuses mosaïques : celui en brique de Galla Placidia, fille de l'empereur Théodose Ier (379-395), épouse du roi wisigoth Athaulf, puis de l'empereur Constance III, et celui, décagonal en pierre blanche d'Istrie, de Théodoric le Grand, roi des Ostrogoths (474-526) et fondateur en 493 du royaume ostrogoth d'Italie. Les basiliques Saint-Vital, Sant'Apollinare Nuovo et Sant'Apollinare in Classe complètent ce joyau, ainsi que les baptistères des orthodoxes et des ariens et la chapelle archiépiscopale. Mélanges incomparables de tradition gréco-romaine et d'iconographie chrétienne, ces édifices conjuguent à l'unisson les styles d'Orient et d'Occident. Mais Ravenne contient un autre tombeau, celui de Dante, mort en exil en 1321 : l'auteur de la *Divine Comédie* repose place San Francesco.

Très bien conservées, les mosaïques constituent une mine de renseignements sur le monde byzantin, de Théodose I à Justinien.

Rimini

La côte du divertissement

Rimini, localité noctambule de la riviera romagnole offre un cocktail étonnant : une poignée de sable fin, un soupçon de culture et une bonne dose de convivialité. De quoi céder aux sirènes de ce front de mer, à la tentation du balnéaire.

Côté pile, les 15 kilomètres de plage qui bordent son rivage s'étirent le long de l'Adriatique. À perte de vue, parasols, cabines et transats plantent le décor de vacances placées sous le signe de l'amusement et du farniente. Côté face, la ville du réalisateur Federico Fellini vit au rythme de la dolce vita. Pour s'en convaincre, il faut tourner le dos au littoral et emprunter le massif pont Tibère. Avec ses 5 arches en pierre d'Istrie, il enjambe le fleuve Marecchia, l'ancien Ariminus qui a légué son nom à la ville. Un autre héritage antique en garde l'entrée : l'arc d'Auguste. Pas de confusion, le temple Malatesta n'est pas romain mais renaissant (XIIIe-XVe siècle). Modelé par l'architecte Alberti, il cache le mausolée de la dynastie de Sigismond Malatesta, seigneur de Rimini, Fano et Cesena célébré par une fresque de Piero della Francesca. Entourée du Palazzo Comunale, du Palazzo dell'Arengo et du Palazzo del Podesta (XIIIe-XIVe siècle), la place Cavour est au cœur du centre historique.

Incroyable théâtre en plein air, la plage de Rimini est plantée de parasols, de transats et de cabines, trilogie balnéaire capitale en cette riviera.

Reggio d'Émilie

Porte-drapeau de la réunification

Se déployant selon un plan hexagonal, la ville de Reggio d'Émilie était autrefois nommée Reggio di Lombardia. Son théâtre néoclassique, sa basilique Saint-Prosper et son temple baroque de la Vierge de la Ghiara ne sont pas ses seuls éclats…

Son nom renseigne sur ses origines et sa position géographique. Bâtie sur la voie Émilienne qui trace une ligne droite entre Plaisance et Rimini, Reggio est de fondation romaine, comme toutes les villes traversées par cette route construite au IIe siècle : Plaisance, Fidenza, Parme, Modène, Bologne, Imola, Faenza, Forlì, Césène et Rimini. Formant de jolis cordons architecturés entre les places du Duomo, del Monte, San Prospero, Camillo Prampolini et Fontanesi, un important réseau d'arcades relie la quinzaine de palais. À proximité de la cathédrale Sainte-Marie-Assompte, dont la façade est restée inachevée, et du baptistère, l'hôtel de ville (XVIIe siècle) conserve un précieux symbole de l'unification italienne. Dans la salle du Drapeau tricolore est exposée une pièce insolite : le premier étendard blanc, rouge et vert conçu par Ludovico Bolognini, ingénieur de la ville. Avant d'être adopté par le nouveau royaume d'Italie, il fut d'abord retenu comme symbole de la république Cisalpine de 1797.

Reliée à la Grande Place par un passage couvert, la Piazza Piccola sert de parvis à San Prospero, basilique Renaissance blottie derrière le dôme.

Les Dolomites
FRIOUL-VÉNÉTIE JULIENNE
Lacs de Fusine
Udine
Aquilée
Trieste
Golfe de Trieste
Piave
Bassano del Grappa
Trévise
Cittadella
Castelfranco Veneto
Lac de Garde
Vicence
Ile de Torcello
Ile de Burano
Ile de Murano
Vérone
Padoue
Venise
Golfe de Venise
Riviera de la Brenta
VÉNÉTIE
Adige
Delta du Pô

Frioul-Vénétie julienne et Vénétie

Udine

La fille cadette de Venise

Située sur les voies transalpines du Frioul, Udine est équidistante des lagunes de Marano et de Grado et de la frontière autrichienne. Porte d'entrée vers l'est de l'Europe, la ville transporte ses hôtes dans une atmosphère toute vénitienne.

Agréable étape dans l'itinéraire de découverte du territoire de Frioul-Vénétie Julienne, Udine abrita le siège des patriarches d'Aquileia au déclin de celle-ci. Elle devint ensuite vénitienne de 1420 à 1797, puis française, austro-hongroise, autrichienne par le traité de Campoformio et finalement italienne en 1866. Le lion ailé trônant sur une colonne fait de la Piazza Libertà une petite place Saint-Marc. Avec ses arcs trilobés de style gothique vénitien, la Loggia du Lionello y rivalise d'élégance avec la Loggia de San Giovanni et sa tour horloge où deux jacquemarts sonnent les heures, toisés par les proches statues d'Hercule et de Cacus. Visibles au Palazzo Arcivescovile, au *duomo* et à l'Oratorio della Purità, les fresques rococo (XVIIIe siècle) de Tiepolo tissent un autre lien avec la Sérénissime où le peintre fut très actif. Les représentants de la république de Venise siégeaient au Castello renaissant qui voisine avec l'église San Maria (XIIIe siècle) et abrite une pléiade de musées civiques.

Piazza Libertà, la statue de la Justice regarde vers la Loggia del Lionello, qui elle-même fait face à la Loggia San Giovanni.

Trieste

Aux marches de la frontière italo-slovène

Destination atypique dont l'âme austro-hongroise et slovène a inspiré les écrivains, de Rainer Maria Rilke à James Joyce en passant par Stendhal et Svevo, la cosmopolite Trieste s'ouvre sur la mer, cernée d'un plateau karstique creusé de grottes.

Par sa position dans le golfe de Trieste, elle fut, avant son incorporation à l'Italie, un débouché maritime stratégique du Saint Empire romain germanique et de l'Empire austro-hongrois. Son port est toujours le plus grand d'Adriatique. Pétrie d'influences latines, italiennes, germaniques, autrichiennes, slaves, slovènes ou juives, la ville est un creuset culturel agencé autour du port, du Canal Grande et de la place centrale ouverte sur la mer : la Piazza dell'Unità d'Italia, bordée de palais néoclassiques. Les lieux de culte révèlent la pluralité : un temple luthérien, l'église orthodoxe serbe San Spiridione, l'église grecque San Nicolò et la synagogue s'ajoutent à la cathédrale San Giusto ornée de mosaïques (XIIe siècle) et aux églises catholiques Santa Maria Maggiore et Sant'Antonio Taumaturgo, alors que la basilique San Silvestro célèbre le culte vaudois. L'Arco di Riccardo, le théâtre romain (Ier siècle av. J.-C.) et le castel de San Giusto (XVe siècle) sont les autres attraits de ce patchwork.

Dans la baie, des châteaux perchent sur de monumentales falaises à pic sur la mer, comme celui de Miramare, folie voulue par Maximilien d'Autriche.

Lignano Sabbiadoro

Un eldorado dans la lagune

Près d'Udine, la côte regorge de lagunes et de longues plages sableuses où les localités touristiques abondent. Quatre millions de visiteurs font de Lignano Sabbiadoro la plus renommée de toutes les stations balnéaires de l'Adriatique.

En italien, Sabbiadoro signifie « sable d'or ». Autant dire que les 8 kilomètres de plage de Lignano jouissent d'un excellent crédit auprès des touristes, pavillon bleu oblige. Depuis les années 1930, les familles trouvent là un rivage propre s'avançant progressivement vers la mer et doté d'un fond plat, idéal pour la baignade des enfants. Les boute-en-train ont de quoi faire dans ce paradis de l'amusement : pédalos, voile, planche à voile, windsurf, nautisme, beach-volley, zoo, parcs d'attractions avec toboggans et jeux d'eau… sans oublier la trilogie festive des bars-discothèques-restaurants que la station balnéaire propose à profusion, à toute heure du jour et de la nuit. Mais, victime de son succès, Lignano est littéralement bondée durant l'été et il n'est pas toujours facile d'y planter son parasol… D'autres attraits, plus quiets : les thermes et Lignano Riviera, secteur moins urbanisé à l'embouchure du fleuve Tagliamento, où le golfe a planté son 18 trous, sous les pinèdes.

Le ponton du phare rouge sur la mer : autrefois, la péninsule de Lignano n'était accessible qu'en bateau, depuis la lagune de Marano…

Lacs de Fusine

Miroirs émeraude des Alpes juliennes

Le parc naturel des lacs de Fusine est enveloppé du silence de la forêt de Tarvisio où cerfs, chevreuils et chamois se dissimulent entre les grands conifères. Une paire de lacs alpins sert de miroir émeraude à la beauté des Alpes juliennes.

Enchâssés dans un bassin glaciaire, les laghi di Fusine sont les pièces maîtresses d'un décor naturel qui flirte sans cesse avec la frontière autrichienne, de la ville frioulienne de Tarvisio à la slovène Bovec. Mieux, ils en reflètent la beauté muette, au centre du grand amphithéâtre rocheux dessiné par la crête calcaire du mont Sonnenberg Mangart qui culmine à 2 667 mètres. Côté italien, sur le versant nord vallonné de cet imposant dolomite, les grimpeurs se pressent pour tenter l'ascension par l'arête est. Nul besoin d'être un alpiniste averti pour jouir du paysage. Si seulement 5 mètres d'altitude séparent le lac supérieur du lac inférieur, respectivement postés à 929 et 924 mètres au-dessus du niveau de la mer, leur profondeur diffère plus nettement, atteignant 25 mètres pour le plus vaste des deux. S'alimentant mutuellement grâce à un réseau souterrain, ils sont gelés durant l'hiver et l'on enregistre, sur leurs rives, des températures qui souvent font blêmir les thermomètres.

À pied, en raquette ou à ski l'hiver, les lacs de Fusine sont le point de départ de multiples balades et randonnées dans un paysage majestueux.

Aquilée

L'évangéliste

Avant d'être mise à sac par Attila au milieu du Ve siècle, Aquilée fut l'une des principales villes de l'Empire romain, ainsi qu'un important centre ecclésiastique. Les héritages paléochrétiens légués par la ville sont parmi les plus somptueux d'Italie.

Durant le Haut-Empire, Aquileia fut une illustre cité à ne pas confondre avec L'Aquila des Abruzzes. Fondée en 181 av. J.-C. sur le fleuve Natissa, cette colonie romaine proche de l'Adriatique a joué, dans la zone septentrionale de la péninsule, un rôle de plaque tournante du commerce méditerranéen en direction des régions danubiennes et rhénanes. Grâce à son port fluvial, sa fortune est telle que, sous le règne d'Auguste, Rome la jalouse… Bien que l'empereur Maximien ait élu Milan capitale, la communauté chrétienne prospère. Du IVe au XVe siècle, le puissant patriarcat d'Aquilée devient le maillon essentiel de l'évangélisation d'une grande partie de l'Europe centrale et l'aboutissement du pèlerinage du Chemin céleste la reliant aux sanctuaires autrichiens et slovènes de Maria Saal et de Brezje. Le forum romain, les villas, les restes du port fluvial antique, la nécropole, la basilique patriarcale et les mosaïques paléochrétiennes font d'Aquilée une réserve archéologique précieusement veillée par l'Unesco.

Fondée par l'évêque Teodoro entre 308 et 319, la basilique patriarcale possède un exceptionnel pavement de mosaïque couvrant 760 mètres carrés.

Ile de Burano

L'arc-en-ciel de la lagune

Des îles du lagon vénitien, Burano est la plus bigarrée. Dans une explosion de couleurs, maisons et canaux lui donnent son incomparable physionomie. Pittoresque et extrêmement touristique à la fois, ce bourg pratique l'art délicat de la dentelle de Venise.

Derrière la carte postale et son décor d'opérette, une vérité plus profonde se cache. Les teintes vives des façades n'ont eu une valeur décorative que très récemment. Longtemps, les pêcheurs de mollusques s'en servaient de repère visuel pour distinguer leur maison de celle du voisin dans l'épais brouillard qui nimbe la lagune septentrionale. La couleur exprimait donc la propriété individuelle. Composée de 4 îlots, Burano est parcourue de canaux très agréables à sillonner, au plus près des habitations. Dans ces *sestieri* populaires, 5 quartiers se dégagent. Là, parmi ce patchwork de bicoques voyantes, quelques dentellières âgées s'affairent encore à leurs travaux. Aux xve et xvie siècles, l'île produisait les plus fines dentelles à l'aiguille d'Europe. Le mythique point en l'air est à découvrir au musée-école. Gagnée sur les eaux, la place Baldassare Galopi est le cœur de cette cité plantée du clocher de San Martino qui recèle un trésor : *La Crucifixion* de Tiepolo.

Ernest Hemingway voyait en Burano « une petite île [...] où les femmes font de la dentelle merveilleuse et les hommes des *bambini* ».

Ile de Murano

L'artisanat au prisme de l'art

À un jet de *vaporetto* de Venise, Murano fut un jardin de plaisance, un verger d'abondance, un havre de verdure devenu aux yeux de tous l'île des feux. L'art du verre souffle sur son aura depuis le Moyen Âge, attirant les visiteurs du monde entier.

Chargé de guider les embarcations pénétrant dans la lagune, un phare veille sur l'île de Murano, reliée à l'Adriatique par la passe de San Nicolo. Les rues Fondamenta dei Vetrai et Fondamenta Cavour sont des artères touristiques bordées de boutiques dont la marchandise n'atteint pas toujours la maîtrise des pièces historiques du Museo del 'Arte Vetraria sis au palais Giustinian. Depuis huit siècles, la renommée de la cité rayonne internationalement grâce aux secrets détenus par ses verriers. Chassés de la Sérénissime qui redoutait les incendies occasionnés par leurs fours, les ateliers prospèrent ici au point d'être jalousés. Las ! Le doge n'hésita pas à mandater des émissaires chargés de tuer les ingrats que Louis XIV était parvenu à débaucher. Les *palazzini* qui se reflètent dans les canaux degli Angeli, Ponte Lungo, San Donato ou San Giovanni furent des résidences d'été prisées des aristocrates et la basilique Santa Maria e Donato, contemporaine de San Marco, est un joyau de style vénéto-byzantin.

Sous sa mosaïque absidiale, Santa Maria e San Donato cache un exceptionnel pavement combinant des tesselles de marbre et de verre.

Ile de Torcello

Dans l'atmosphère fantomatique de ses pierres

En débarquant sur ce charmant petit bout de terre livré en pâture au temps, une impression de vide interpelle. Sublimes illustrations de la gloire révolue de Torcello, alors siège de l'évêché : la cathédrale Santa Maria Assunta et l'église Santa Fosca.

Première zone peuplée de la lagune, Torcello fut le refuge des habitants d'Altino, qui fuirent les hordes de Huns et les invasions lombardes ou franques du Vᵉ au VIIᵉ siècle. Purement ensorcelante, l'île dégage une ambiance singulière, entre poésie et étrangeté. Peu d'âmes vivent encore ici depuis que le spectre de la malaria et le lustre de la Sérénissime ont lentement éclipsé sa splendeur à compter du Xᵉ siècle. Cette oasis silencieuse et sauvage tranche avec l'agitation vénitienne. Parmi les herbes et les pierres, les divines Santa Maria Assunta (VIIᵉ siècle) et Santa Fosca (XIᵉ-XIIᵉ siècle) se dressent. Fondée par l'exarque de Ravenne, la première est couverte de sublimes mosaïques byzantines, (XIIᵉ-XVᵉ siècle) combinant richesse et dépouillement, et flanquée d'une vigie : le campanile. Érigée en croix grecque, la seconde est un sanctuaire à la beauté nue. Face au palais du Conseil et de l'Archive, un siège de marbre servit de trône à Attila lors de ses conquêtes italiennes puis de chaire de justice à l'évêque.

Avec la cathédrale adjacente Santa Maria Assunta, l'église octogonale Santa Fosca forme un exceptionnel ensemble vénéto-byzantin.

Bassano del Grappa

Sur le pont des alpins, on y entre…

Enivrante cité connue pour son eau-de-vie de marc de raisin – homonyme du mont qui s'élève noblement dans les environs –, ses asperges blanches IGP, sa céramique et l'habileté de ses ateliers en matière de gravure, Bassano del Grappa est une affaire de familles.

Emportées par une crue, les piles du pont antique reliant Bassano et Vicence furent remplacées par un édifice de bois conçu par Palladio, chantre de la Renaissance. Rasé par les Allemands lors de la débâcle, le pont fut une nouvelle fois reconstruit par les chasseurs alpins qui suivirent scrupuleusement les dessins parus dans le traité de Palladio, *Les Quatre Livres de l'architecture* (1570). À l'embouchure de la passerelle, l'équipement de ces montagnards d'élite est présenté par le petit musée des Alpins. Comme la Grapperia Nardini fondée en 1779, le musée de la Grappa révèle les secrets de distillation des alambics. Pour voir des œuvres de Jacopo Bassano (XVIe siècle) et de sa descendance, il faut se rendre au Museo Civico installé dans un couvent longeant l'église San Francesco (XIIe-XIVe siècle), place Garibaldi. Au palais Sturm, le musée de la Céramique montre la production des Antonibon. Autre famille illustre, les Remondini ont ici gravé quelques-unes des plus belles lettres de l'édition et de la typographie.

© Gina Sanders - Fotolia.com

Enjambant le fleuve Brenta, le Ponte Vecchio fut reconstruit en 1948 par les chasseurs alpins, fidèlement aux plans d'origine de Palladio.

Venise

Le Grand Canal, le miroir d'eau des palais

D'une beauté éblouissante, l'avenue des *vaporetti* serpente dans la ville jusqu'à former un S inversé. Épousant les courbes de cette voie navigable naturelle autant que les styles et les époques, les palais qui s'y mirent composent un tableau vivant.

Capté au fil de l'eau, le reflet de Venise qui s'imprime dans la rétine des voyageurs diffuse un hymne à l'harmonie. Nulle autre ville au monde n'est ainsi parvenue à combiner éléments naturels et culturels. Semblant flotter le long de la nappe liquide du Grand Canal, les palais forment un fabuleux feston architectural. Sur près de 4 kilomètres, les façades alternent dans une débauche d'effets qui évoque les toiles vaporeuses de Tiepolo. Depuis le XVIIIe siècle, Venise prend la pose, résistant aux outrages de la modernité. Sur la rive gauche de ce sillon historique s'alignent entre autres le Palazzo Vendramin Calergi (XVIe siècle), la Ca d'Oro (XVe siècle), le Palazzo Grassi (XVIIIe siècle), où François Pinault dévoile sa collection d'art contemporain, ou le Palazzo Corner della Ca'Grande de Sansovino (XVIe siècle). En face, la Fondaco dei Turchi (XIIIe siècle), la Ca' Pesaro et ses musées (XVIIIe siècle), la Ca' Foscari (XVe siècle), la Ca' Rezzonico vouée à la peinture vénitienne (XVIIIe siècle) et la Ca' Dario (XVe siècle) se suivent.

À l'extrémité sud du Grand Canal, la basilique Santa Maria della Salute cache en sa sacristie un chef-d'œuvre du Tintoret : Les Noces de Cana.

Venise

San Marco, l'insigne quadrilatère des doges

Ancien centre politique, religieux et économique de la Sérénissime, la place Saint-Marc en est toujours le cœur battant. Un ensemble exquis composé de la basilique San Marco, de son campanile, des galeries des procuraties et du curieux pont des Soupirs…

Faisant référence aux arcades des procuraties qui l'entourent et abritent de prestigieux cafés, comme le café Florian, Bonaparte taxa la place de « plus élégant salon d'Europe ». En arrivant par le Grand Canal, San Marco sidère par sa grâce, même lorsqu'il y a foule. Posté à l'entrée, le palais des Doges rayonne, vaisseau raffiné de marbre blanc et rose tressant ses galeries gothiques. Au-delà de l'escalier d'Or de Sansovino, le faste des immenses salles du Conseil, du Sénat et du Scrutin se révèle grâce aux fresques dont certaines sont du Tintoret. Construite à l'arrière, une prison était reliée au Palais ducal par le pont des Soupirs, ceux des condamnés et non des amants. Surmontée d'un quintette de coupoles byzantines, la basilique San Marco se tient sur son flanc est. Son portail chargé de marbres et de sujets préfigure l'intérieur, époustouflant amalgame de mosaïques précieuses (XIe siècle) et d'orfèvrerie parachevé par la Pala d'Oro, retable conservant la relique du saint patron de la ville.

Face aux colonnes de Marc et de Théodore, toisant l'Adriatique, le palais des Doges centralisait le pouvoir législatif, exécutif et judiciaire.

Venise

Le pont du Rialto, une rue suspendue

Vaporetti, *traghetti* et gondoles se croisent souvent ici, sous l'accent circonflexe du Rialto, agitant de leurs remous le nœud de la circulation du Grand Canal. Première construite à Venise, cette arche demeura longtemps la seule passerelle.

À la fin du XVIe siècle, afin de remplacer l'édifice de bois primitif par une arche de pierre et relier efficacement les 2 rives de l'artère centrale – les *sestieri* San Polo et San Marco –, les doges firent appel à Antonio da Ponte. Avec son patronyme prédestiné, l'architecte souffla la prestigieuse commande à d'autres génies : Sansovino, Michel-Ange et Palladio. Depuis lors, le premier dimanche de septembre, cet emblème vénitien est le point d'arrivée de la Régate historique et de sa parade de bateaux décorés façon Renaissance. Autour se tient le marché du Rialto, qui n'a pas hélas résisté aux sirènes mercantiles et propose sa camelote aux touristes. Pour humer un parfum d'authenticité, préférer les étals de poissonniers des arcades du Campo della Pescheria. Dans les années 1930, le pont de l'Académie, le pont des Déchaussés et le plus récent pont de la Constitution ont complété ce dispositif restreint de circulation transinsulaire, attestant qu'à Venise l'embarcation est reine.

Coiffant les stations de taxis flottants, l'arche unique du Rialto a remplacé le précaire pont de bateaux amarrés les uns aux autres d'autrefois.

Venise

Virée sans artifice du Castello à l'arsenal

Si la forteresse du Castello a disparu, ce quartier paisible demeure un secret bien gardé. Quittant l'attraction de San Marco, une nouvelle Venise s'étire à l'ouest. Clef de ce dédale de maisons ouvrières, les ateliers du chantier naval de l'arsenal.

Heureux celui qui, perdant son chemin, déniche cette zone verte sans palais mais haute en caractère. Tendus au-dessus du vide, les fils à linge confirment la distance prise avec le visage un rien factice et réducteur de la Venise touristique. Du côté du Campo San Zaccaria et de l'église qui la borde, offrant à ses rares visiteurs les peintures de Bellini, du Tintoret ou de Tiepolo, la sérénité ambiante tranche déjà avec le tumulte voisin, sans jamais renoncer à célébrer la beauté. À San Giorgio dei Schiavoni, l'École dalmate renferme des fresques de Carpaccio à 2 pas de San Francesco della Vigna, décorée par Bellini et Tiepolo. Tournant le dos à l'agitation de San Marco, la ville semble respirer, ses petites maisons ouvrières toutes tables et chaises dehors. Hier, pêcheurs et dentellières jouaient ici aux cartes… Preuve de la puissance de la république maritime, les ateliers de l'arsenal ferment le nord de cette parenthèse tranquille tandis que les jardins de la Biennale en oxygènent l'est.

Une entrée maritime, l'autre terrestre, l'arsenal est masqué par une enceinte médiévale. Statues et lions en majesté gardent sa porte monumentale.

Venise

Cannareggio, de la Ca' d'Oro au ghetto

Derrière la dentelle de marbre de la Ca' d'Oro, perle blanche du gothique fleuri se mirant dans les eaux du Grand Canal, un vaste quartier déploie ses faubourgs pittoresques au nord-ouest de Venise : le *sestiere* de Cannareggio, comprenant également le ghetto.

Cannareggio offre une balade en dehors des sentiers battus. Typique, ce quartier comporte tout à la fois de beaux palais – Ca' d'Oro, Ca' Pesaro, Ca' Rezzonico, Ca' Da Mosto, Ca' Venier dei Leoni, Ca' Sagredo, le palais Flangini ou le palais Vendramin Calergi – des canaux rectilignes sur lesquels voguent des embarcations populaires, un lacis de ruelles étroites étoffées de petits bars et des ateliers d'artisans où les savoir-faire manuels s'expriment. On y trouve aussi des passages romantiques, des placettes pavées de terre cuite, des vues ouvertes sur la lagune et le ghetto au charme historique. C'est ici que Venise imposa la résidence aux juifs en 1516, à proximité d'une fonderie, mot qui en italien se dit justement « *geto* ». À l'écart de la turbulente gare de Santa Lucia, les règles de construction sur pilotis limitant à 3 étages les bâtiments se sont adaptées pour faire face à la surpopulation causée par la ségrégation. Le Ghetto Vecchio connut alors une croissance verticale pouvant atteindre 8 étages.

© Vladimir Sklyarov - Fotolia.com

Parcouru de canaux, le très intime de Cannareggio n'a guère changé d'apparence depuis la Renaissance.

Venise

Le grand bal à ciel ouvert du carnaval

Chaque hiver, en février, Venise s'offre un visage plus facétieux. Durant le carnaval, dix jours avant Mardi gras, tulles mousseux et loups pailletés emportent la ville dans un grand tourbillon festif et vaporeux dont l'origine remonte au XIIIe siècle.

Au début du jeûne de carême, littéralement « privés de viande » – *carne vale* –, prostituées et petites gens du Moyen Âge s'adonnent à de joyeuses mascarades, portant déjà ces masques que le voyageur actuel acquiert pour capter l'âme de la Sérénissime et qui, en travestissant l'identité, autorisent toutes les audaces. Satire de la société, ces jours de liesse populaire permettent alors d'inverser les valeurs, de se prendre pour un seigneur ou de jouer à se faire peur avec le déguisement au long bec crochu du sinistre docteur de la peste. Dès le XVIe siècle, les effets se théâtralisent, s'accordant au raffinement de la cité lagunaire. Plumes, soie et perles parent les costumes. En plein âge baroque, la rue devient une aire de plaisirs défiant la morale. La commedia dell'arte donne le ton, celui d'une farce séduisante. Tiepolo, Guardi ou Longhi ont croqué ces rencontres galantes entre colombines et arlequins licencieux, tout comme les photographes captent aujourd'hui les vaporeuses apparitions de ces princes d'un bal.

Face à San Marco, une sublime chimère carnavalesque. En fond, l'île San Giorgio Maggiore et l'auguste fronton triangulaire de l'église palladienne.

Castelfranco Veneto

La citadelle de Giorgione

Au sud-est de Bassano, Castelfranco Veneto vit emmuré depuis le XIIe siècle. Derrière son paravent défensif érigé pour se prémunir des conflits opposant Padoue, Vicence et Trévise, Gorgione, peintre génial de la lumière, a vu le jour au XVe siècle.

Bâti sur un terre-plein autour de son château médiéval, le centre historique de Castelfranco Veneto se blottit derrière de hauts murs de brique rouge doublés de douves profondes. Suivant un défilé d'arcades et de rues suggestives, tel le Corso XXIX Aprile bordé de palais, la visite conduit Piazza Giorgione, baptisée ainsi en l'honneur de l'enfant du pays dont la cité ne cesse de chanter les louanges. Du talentueux artiste, peu d'œuvres sont connues et celles conservées ici font figure de reliques précieuses. La fresque de la frise des arts libéraux et mécaniques se découvre au musée abritée par sa maison natale, tandis que le dôme voisin de Sainte-Marie-de-l'Assomption renferme un plus grand trésor encore, prisé des amateurs d'art. La chapelle Costanzo y est valorisée par l'époustouflant retable de Castelfranco qui représente la Vierge à l'Enfant entre saint François et saint Libéral. En matière de liberté, ce bastion civil exempté d'impôts jouissait d'une vraie autonomie. D'où l'appellation *castel franco*…

Castelfranco Veneto concentre ses beautés sur un petit territoire judicieusement posté à la croisée des antiques via Postumia et via Aurelia.

Cittadella

L'ellipse fortifiée de la plaine padouane

D'origine médiévale, la ville forte de Cittadella est ceinte d'impressionnants remparts de brique rouge d'où la vue porte loin. À l'intérieur de ses portes, cet imprenable bastion est un exemple bien conservé d'aménagement urbain défensif.

La courbe protectrice qui entoure la ville depuis les années 1220 comprend 32 tourelles de guet. D'une grande complexité, ce robuste ensemble de murailles s'étirant sur 1 461 mètres est bouclé par 4 portes, autrefois dotées de pont-levis, qui sont impressionnantes par leur taille et leur agencement. Parmi ces verrous orientés selon les points cardinaux, la porte de Bassano cumule par moins de 5 arches divisées en autant de cellules de retranchement. Padoue, Vicence et Trevise sont les autres directions que fixe Cittadella. Fresques sacrées et armoiries de Padoue ornent ces édifices. La cité-satellite forme un échiquier découpé selon 2 axes majeurs, avec des rues en damier. Pièce maîtresse du dispositif mis au point pour assurer la défense de ce poste avancé, la tour de Malte (XIIIe siècle), prison érigée par Ezzelino III da Romano au flanc de la Porta Padovana et citée dans *La Divine Comédie* de Dante. Elle cache aujourd'hui le Musée archéologique. Près de là, il faut visiter la Casa del Capitano et le palais Pretorio.

Point le plus fortifié de l'enceinte, la Porta Bassanese comprend la maison du Capitaine et porte les armes de Padoue : la croix rouge sur fond blanc.

Padoue

La malle aux fresques

Spirituelle et légère à la fois, Padova est placée sous le signe de saint Antoine et des arts, peinture et sculpture en tête. Au centre géographique de la Vénétie, pèlerins, marchands et artistes en firent un opulent centre de la création médiévale.

Au carrefour de voies terrestres et fluviales, Padoue s'est développée dès l'an mil. L'ouverture de ses canaux (XIIIe siècle) lui permit d'étendre son autorité. Le palais de la Raison (XIIIe siècle), ancien siège des tribunaux fondé en même temps que l'université, témoigne de cet essor, tout comme la Loggia des Carresi. Dans la chapelle des Scrovegni, la maîtrise de Giotto s'exprime sur 39 fresques pleines d'humanité (XIVe siècle). En la chapelle Ovetari de l'église des Ermites, Mantegna a peint un autre cycle tandis que Guariento ornait le chœur. Des toiles réalisées par ces mêmes mains s'admirent au Musée civique attenant. Piazza del Santo, le padouan Donatello a donné la mesure de son art avec la statue du condottiere Erasmo da Narni, mort ici. Face à cette sculpture équestre, la Basilica di Sant'Antoni est consacrée au célèbre moine franciscain qui finit aussi sa vie ici. L'oratoire de San Giorgio et la *scuola* contiguë montrent des fresques de l'atelier d'Altichiero ou signées de Titien.

Concentré d'art et de dévotion, Saint-Antoine possède huit coupoles, des chapelles peintes et un maître-autel décoré de bronzes de Donatello.

Riviera de la Brenta

Un sillon d'élégance et de raffinement

Entre le XVIe et le XVIIIe siècle, signe du changement, les riches Vénitiens se sont pris de passion pour la vie champêtre. Le long des berges du fleuve Brenta, voie navigable reliant Padoue à Venise, des édifices rivalisant de grâce se sont élevés.

En 1488, les bateaux avaient trouvé la clef du cap de Bonne-Espérance et l'Amérique allait être découverte, signant l'inéluctable ralentissement des activités commerciales de Venise. Pour parer au déclin de sa suprématie, la Sérénissime opéra un repli vers l'intérieur en guise de reconversion. Nouvellement investi, son arrière-pays s'est couvert de villégiatures. Depuis ces palais des champs, l'aristocratie s'accordait du bon temps tout en surveillant de près ses nouvelles affaires. À Noventa Padovana, les patriarches de Venise bâtirent une résidence estivale et les nobles confièrent aux plus grands artistes l'édification et la décoration de leurs propriétés terriennes. Palladio a ainsi conçu la Malcontenta et la villa Pisani dans laquelle Tiepolo peignit l'éloge de la famille Pisani. Villa Soranzo à Fiesso d'Artico, palais Foscarini et villa Widmann Foscari et Barchessa Valmarana à Mira, villa Gradenigo à Oriago… aucune demeure qui n'ait reçu ses fresques.

Surplombant le canal de la Brenta à Strà, la villa Pisani comptait 114 pièces, en hommage au 114e doge de Venise : Alvise Pisani.

Vérone

D'amour et d'eau faite

Romantique, mais pas seulement, la très ancienne Vérone mérite son titre de ville d'art. Arènes romaines, églises médiévales et palais de la Renaissance ont été fièrement entretenus. Un beau patrimoine auréolé du mythe de la tragédie shakespearienne.

Frangée de collines, Vérone se love dans un ruban de l'Adige. Piazza Bra, les 44 étages de l'amphithéâtre antique en imposent. Bâti au Ier siècle, l'Arena est effectivement le troisième du monde romain par ses dimensions. Pendant la saison lyrique, cet anneau de marbre rose et de silex mêlés à de la brique vibre à nouveau. Au bout de la via Mazzini se déploie l'ovale de la Piazza delle Erbe. Comme sur le forum romain qui s'y tenait autrefois, les étals du marché forment une ode odorante et colorée à la gastronomie véronaise. À l'est, la prétendue maison de Juliette attire les lettrés et les amoureux venus prendre la pose sous le tragique balcon gothique où Roméo déclara sa flamme à sa dulcinée. Bordée par le palais de la Commune, la Piazza dei Signori est ainsi baptisée en l'honneur des puissants Scaligeri qui reposent en leur superbe arche-mausolée. Ici, le passé empli le présent, les cafés déployant leur tables face au décor des palais Cangrande, Cansignorio et face à la Loggia di Fra Giocondo.

Fragment de l'illustre scène, le balcon de la possible maison de Juliette Capulet se dresse au-dessus d'une porte constellée de dédicaces passionnées.

Vicence

Icône du génie architectonique de Palladio

Inscrite sur la liste du Patrimoine universel de l'humanité par l'Unesco, Vicenzo assure la communication entre Vénétie et Trentin. Façonnée par Andrea Palladio, éminent bâtisseur, théoricien et promoteur de la Renaissance, la ville entière compose sa plus belle œuvre.

La « Venise de la terre ferme » illustre à merveille la synthèse réussie par Palladio entre le style antique et les élans de modernité portés par le courant humaniste. Majestueux, ses édifices combinent rigueur géométrique des lignes et emprunts à la grammaire gréco-romaine, ses façades supportant frontons et portiques. Piazza dei Signori, la basilique palladienne est en fait un édifice public. Sur le palais de la Raison préexistant, le disciple de Vitruve a plaqué une double loggia de marbre blanc. À côté, bijou en flamboyante pierre d'Istrie, la loge du Capitaine – le gouverneur de Venise – donne une autre idée de son génie. Corso Andrea Palladio, le palais Chiericati abritant le musée municipal et la pinacothèque, le palais Barbaran da Porto, où siège le musée Palladio, et le palais Thiene sont signés du maître ou de ses élèves, tout comme le proche palais Valmarana. Achevé par Scamozzi, le théâtre Olympique, délicat bâti de bois et de stuc en trompe-l'œil, est un hymne à la tragédie.

Magique, la scène du théâtre Olympique reconstitue une vision idéalisée de Thèbes, sa « rue » s'étirant grâce à un savant effet d'illusion optique.

Villas palladiennes

Pour l'harmonie des proportions

Sur les 30 villas conçues par Palladio en Vénétie, l'Unesco en a classé 24 dans la liste du Patrimoine de l'humanité. L'occasion d'une balade architecturale dans l'arrière-pays vénitien, à la découverte de ces réalisations au plan structuré.

La plupart des noms accolés aux villas font écho à ceux des palais qui s'égrènent le long du Grand Canal, à Venise. Les édifices bâtis pour les Barbaro ou les Foscari constituent une sorte de transposition à la campagne de leur art de vivre en ville. Pour goûter au farniente le plus suave, riches négociants et aristocrates ont donné carte blanche à Palladio qui jouissait d'une réputation sans faille auprès des puissants. Pour eux, il a inventé un nouveau type de maison largement ouverte sur le paysage, contrairement aux résidences rurales médiévales qui prévalaient jusqu'alors. Attaché à l'harmonie des proportions, l'architecte a misé sur la symétrie et joué sur la lumière, l'articulation des volumes, la perspective… Marquées par l'influence de la structure des temples antiques, ses œuvres sont reconnaissables entre mille : villa Godi Malinverni, villa Badoer à Fratta Polesine, villa Barbaro à Maser, villa Foscari dite *Malcontenta* près de Mira, villa Capra dite *Rotonda* près de Vicence…

Œuvre de la maturité, la Rotonda s'organise autour d'un plan carré doté de quatre ailes identiques. En son centre, un vaste salon central circulaire.

Lac de Bolsena
Jardins de Bomarzo
Viterbe
Tarquinia
Civitavecchia
Lac de Bracciano
Tibre
Tivoli
ROME
VATICAN
Ostie
LATIUM
Frosinone
Latina
Gaète
Golfe de Gaète

Latium

Lac de Bracciano

Réserve d'eau précieuse

Le territoire volcanique de la réserve naturelle de Monterano recèle une infinité de grottes et de vestiges étrusques. L'étendue calme d'un grand lac, celui de Bracciano, s'y trouve aussi, vouant ses rives à un tourisme flegmatique.

À mi-parcours entre Rome et le port de Civitavecchia, le flanc est du volcan Sabatino est rempli d'eau pure. Ce cratère aquatique atteint 160 mètres de profondeur et 57 kilomètres en surface. Avec sa couronne de 33 kilomètres de diamètre tressée par 12 collines boisées et presque autant de villages encerclés par la route circumlacustre, le lac s'étend aux pieds de Bracciano. Sa nappe souterraine est alimentée par les sources thermales de Vicarello, connues des romains sous le nom d'Aquae Novae. La Cité vaticane détourne une partie de ces eaux thérapeutiques. L'aqueduc romain remis en service au XVIIe siècle par le pape Paul V achemine le précieux liquide sur le Janicule où la bouche de la fontaine Paolina le déverse dans le Tibre. Dominant les berges de Bracciano, le château Orsini-Odescalchi reste un inébranlable modèle d'architecture militaire de la Renaissance. En direction de Tevignano Romano, l'église de San Liberato (IXe siècle) charme aussi les visiteurs avec son jardin à l'anglaise.

En empruntant la route circumlacustre qui fait le tour du cratère volcanique, un paysage paisible se dévoile, village après village.

Jardins de Bomarzo

Dans la féerie du parc des Monstres

À Bomarzo, au nord du Latium, une trentaine de bâtiments et de sculptures évoquant les créatures et les épisodes les plus effroyables de la mythologie grecque et de la Renaissance compose l'univers fantasmagorique du bien nommé parc des Monstres.

Ces extravagants jardins sont nés de l'imagination débridée de Pirro Ligorio, architecte-jardinier maniériste à qui l'on doit aussi le délicieux songe des jardins de la Villa d'Este à Tivoli. À la fin du XVIe siècle, le condottiere Vicino Orsini et son épouse Giulia Farnèse ont fait aménager aux pieds de leur château un complexe monumental nommé *Bois sacré*. Les sculptures gigantesques qui peuplent ce jardin insolite de la Renaissance lui ont valu le sobriquet plus impressionnant encore de *parc des Monstres*. Émergeant de la végétation, les créatures taillées dans la pierre volcanique créent des rencontres saisissantes. Au-delà d'un paisible verger, un chemin guide les visiteurs jusqu'à ce sanctuaire merveilleux. Derrière une porte monumentale frappée de l'emblème des commanditaires, un couple de sphinx garde l'entrée. Ici, une inquiétante sirène à double queue et une harpie prennent la pose… Là, un ogre vorace ouvre grand sa gueule… Dalì lui-même s'inspira de ces jardins dantesques.

Symboliquement, la porte de l'Ogre marque l'entrée dantesque des enfers. Plus prosaïquement, la bouche du monstre offre une rafraîchissante cavité…

Gaète

La riviera d'Ulysse

À 130 kilomètres au sud de la capitale italienne, la ville antique de Gaeta se poste sur un promontoire à l'avant d'une proue rocheuse située au centre de son golfe qui se déploie sur la mer Tyrrhénienne, aux confins du Latium et de la Campanie.

Sur son étymologie, les versions divergent. Selon le géographe Strabon, le terme *kaietas* (« torrent » en grec) renvoie à une indication utilisée pour se repérer dans le golfe de Gaeta, borné au nord par le cap Circeo, à l'ouest par les îles Pontines et, dans sa limite australe, par l'île d'Ischia. A contrario, le poète Virgile en fait une terre de légende, prétendant que c'est ici que repose la nourrice d'Énée, héros de la guerre de Troie : Caieta. Desservie par la via Appia, la cité s'appelait déjà ainsi au temps des Romains qui venaient déjà y chercher un peu de la fraîcheur diffusée par sa brise marine. Sur le mont Orland, qui appartient au parc régional de la riviera d'Ulysse, le mausolée du général Lucius Munatius Plancus jouit d'une vue imprenable sur le château aragonais, ses fortifications et les falaises abruptes. Autres mystères, à la fois naturels et sacrés : le sanctuaire de la Montagne fendue, celui de l'Annonciation avec sa chapelle d'Or et la grotte du Turc.

Mille fois convoitée, la cité de Gaeta est triplement cernée : par ses fortifications, par la mer Tyrrhénienne et par un épais maquis d'immortelles.

Ostie

L'emporium romain

Comptoir de marchandises chargé d'approvisionner Rome et son million d'habitants sous l'Empire, Ostie était une vaste ville portuaire, organisée et volontiers œcuménique, où juifs, chrétiens, païens romains et orientaux vivaient dans la concorde.

En latin, Ostia signifie « embouchure ». La carte montre que l'ensablement a modifié le paysage. Le site de la ville antique se situe aujourd'hui dans les terres, à distance de l'estuaire du Tibre sur lequel il fut un port primordial, à la fois fluvial et maritime. Depuis sa rade, Rome importait les denrées nécessaires à son gargantuesque entretien. Céréales, poivre, épices, huiles, vin, sauce fermentée de poissons, chandelles, parchemins…) mais aussi marbres de Numidie, onyx ou obélisques de granit venus d'Égypte et destinés à la construction des luxueuses maisons transitaient en son débarcadère. Abandonnée à la fin de l'Empire romain, la ville portuaire compta jusqu'à 50 000 habitants. Une population cosmopolite d'armateurs, de marchands, d'artisans, de fonctionnaires, de marins, de débardeurs… Des bâtiments antiques ont résisté aux pillages des hordes sarrasines : entrepôts, boutiques, marché, sanctuaires païens, chrétiens et hébraïques, thermes, théâtres, maisons ou immeubles collectifs…

À l'ombre des pins parasols, un masque satirique, décor grimaçant du théâtre antique situé sur le decumanus maximus, *dans le centre d'Ostie.*

Tarquinia

Dans le secret des tombes étrusques

Comme la nécropole de Cerveteri, réputée pour ses sculptures en bas-relief stuqués, les vestiges étrusques de Tarquinii – l'une des douze cités-états formant la toute-puissante Ligue étrusque – sont élevés au rang de patrimoine mondial par l'UNESCO.

La nécropole antique de Monterozzi se déploie près de Tarquinia sur un plateau étrangement dénudé. Pour en mesurer la splendeur qu'aucune architecture de surface ne laisse deviner, il faut descendre sous terre, dans les chambres funéraires étrusques. Sous un plafond à double pente dont la travée centrale imite souvent une poutre en bois grâce à l'artifice de la *terracotta*, de magnifiques peintures murales décorent les tombeaux, en hommage à leurs défunts propriétaires, des couples réunis sous un même toit. Sur les 6 000 tombes creusées dans la roche, 200 d'entre elles sont peintes. Certaines remontent au VIIe siècle avant J.-C. et, préservation oblige, seule une infime partie se visite in situ. Au palazzo Vitelleschi, le musée archéologique national de Tarquinia, qui conserve de beaux objets rescapés des pillages, a transféré certaines fresques monumentales. Elles sont intégrées à de spectaculaires reconstitutions, comme les tombes du Triclinium, des Biges, des Léopards, des Olympiades ou du Navire.

La tombe des Léopards nous éclaire sur la culture étrusque : allongés dans le triclinium, des hommes et des femmes s'adonnent à un banquet funéraire.

Villa Hadrien

Le songe d'un empereur

Sorte de cité idéale créée au IIe siècle par l'empereur Hadrien à 30 kilomètres de Rome, à Tivoli (l'ancienne Tibur), la ville Hadriana est un complexe d'édifices classiques exceptionnel que l'Unesco classe parmi les chefs-d'œuvre de l'humanité.

La construction de la demeure impériale a suivi les plans du plus pacifiste des Antonin, immortalisé par Marguerite Yourcenar dans ses *Mémoires d'Hadrien*. Imaginé par cet esthète, l'ensemble monumental couvrant 120 hectares est considéré comme l'un des plus riches de l'Antiquité. Accrochée aux premiers contreforts des Apennins, à l'écart des turbulences de la capitale, la villa est un rêve architectural restituant le souvenir de ses visites aux confins de l'Empire. Avec ses multiples pavillons disséminés au milieu des péristyles et des pièces d'eau alimentées par 4 aqueducs, cette résidence d'été se doublait d'un musée en plein air conservant les répliques grandeur nature des édifices de Grèce et d'Égypte qu'affectionnait ce féru d'art et d'architecture. Thermes, portiques, bibliothèques (…) complètent ce palais idyllique dont le bassin circulaire du théâtre maritime, le Pœcile et le canal du Canope bordé de statues de héros de la mythologie sont d'emblématiques vestiges.

Dédié à Antinoüs, favori et amant d'Hadrien mort noyé dans le Nil à l'âge de 20 ans, le plan d'eau du Canope symbolise un antique canal égyptien.

Villa d'Este

Le jardin des merveilles

Inscrite au Patrimoine mondial de l'Unesco, la villa d'Este à Tivoli est un chef-d'œuvre de raffinement, un idéal d'esthétique Renaissance. Selon le désir du cardinal Hippolyte d'Este, ses jardins et l'architecture maniériste s'accordent à l'unisson.

De conception novatrice, ce bijou du XVIe siècle est un modèle d'élégance qui a marqué l'histoire de l'art, en particulier l'art des jardins européens. Faisant preuve d'une ingéniosité folle pour concevoir les ouvrages hydrauliques qui agrémentent ces jardins mégalomaniaques, l'architecte Pirro Ligorio a réussi une création paysagère qui combine harmonieusement éléments architecturaux, bassins et fontaines dont *Les Jeux d'eaux à la villa d'Este* du compositeur hongrois Franz Liszt restituent parfaitement l'ambiance magique. Les peintres n'ont eu de cesse de saisir cet univers mélancolique et grandiose, comme Corot. Pour agrémenter de pièces antiques ses jardins en terrasses, l'allée aux Cent-Fontaines, les jaillissements de l'orgue ou ceux de Neptune, le cardinal Hippolyte d'Este (dit « de Ferrare »), gouverneur de Tivoli nommé par le pape Jules III et réputé « protecteur des arts », n'a pas hésité à piller une grande quantité de marbre prélevé dans la villa voisine, celle d'Hadrien.

Passionné d'Antiquité et de paysagisme, Hippolyte d'Este s'est fait construire une villa dont les jardins célèbrent le triomphe de l'eau… et le sien.

Viterbe

Terre d'élection des papes

Au Moyen Âge, Viterbo fut une étape majeure sur la via Francigena qui, au cours d'un périple reliant Canterbury à Rome, menait les pèlerins d'Europe au tombeau de saint Pierre, en la Basilique Saint-Pierre du Vatican. Elle fut même un éphémère siège papal.

Derrière son enceinte en pierre de lave et ses portes monumentales, la ville a gardé une apparence médiévale. Les palais et les tours du XIIIe siècle qui bordent la via San Pellegrino en font le véritable joyau de cette ville aux nombreuses fontaines. Sur la colline de San Lorenzo, le Palais papal jouxtant la cathédrale (XIIe siècle) et son campanile (XIVe siècle) attire les regards. Construit entre 1255 et 1266, il hébergea – et ce durant une vingtaine d'années seulement – les papes. Après leur départ de Rome et avant leur installation en Avignon, Viterbe fut un éphémère siège papal. Prouesse d'architecture gothique, l'aérienne loggia du palais est formée d'une unique rangée de 7 arches soutenues par de minces colonnes jumelées. Dans la Grande Salle du conclave, les papes Urbain IV, Clément IV, Grégoire X, Nicolas III et Martin IV furent élus au cours de 5 conclaves. Sur une autre pente des monts Cimini, les jardins Renaissance de la villa Lante à Bagnaia valent un détour.

Avec ses doubles fenêtres en ogive, ses merlons et ses voûtes tout en finesse, le palais des Papes est le plus illustre monument de Viterbe.

Rome

Cité vaticane, les clefs du paradis

Résidence papale et sanctuaire catholique au cœur de Rome, le Vatican est un minuscule pays recélant d'immenses trésors : la basilique Saint-Pierre, la chapelle Sixtine, les chambres de Raphaël et les riches musées d'art sacré et profane.

Reliquat des anciens États pontificaux, ce centre de la chrétienté élevé sur le tombeau de Saint Pierre abrite le Saint-Siège. Sur la rive droite du Tibre, la grande esplanade baroque de l'elliptique Place Saint-Pierre est le parvis monumental de la basilique éponyme, bâtiment aux dimensions tout aussi superlatives. Ses 219 mètres de long pour 136 mètres de haut en font le plus important édifice religieux du catholicisme. Inscrit sur la liste du Patrimoine mondial de l'humanité dressée par l'Unesco, ce chef-d'œuvre de l'architecture Renaissance et baroque voisine avec les 11 musées du Vatican qui couvrent tous les champs artistiques. Au-delà des fastueuses galeries des tapisseries, des candélabres et des cartes géographiques, les chambres peintes par Raphaël communiquent avec la chapelle Sixtine et son célébrissime plafond décoré par Michel-Ange, tandis que ses murs sont signés des grands maîtres de la Renaissance : Le Pérugin, Botticelli, Ghirlandaio, Rosselli, Pinturicchio…

Autour du tombeau de saint Pierre, le plus petit État souverain du monde est une enclave capitale dans le paysage romain, un eden culturel et cultuel.

Rome

Forum antique, entre Capitole et Palatin

Le cœur de la Rome antique bat sur la plus ancienne place publique : le forum républicain, centre de la vie sociale, religieuse et politique. Ses augustes ruines s'étendent dans une vallée archéologique, de la colline du Capitole à celle du Palatin.

Au beau milieu du tumulte de la ville moderne, un immense champ de ruines permet de parcourir 2 000 ans d'histoire, au gré d'une promenade dans l'Antiquité romaine. Sur les hauteurs du Capitole se tenait autrefois le temple de Jupiter où les consuls prêtaient serment. Au bout de l'escalier de la Cordonata, derrière la place dessinée par Michel-Ange dont les statues des Dioscures gardent l'entrée, la vue sur le dédale de vestiges des forums antiques porte jusqu'au colossal Colisée. Le long de la via Sacra, la colonne et le marché de Trajan, la basilique de Maxence, les temples de Vesta ou de Saturne, la Curie, les arcs de Titus, de Septime Sévère ou de Constantin se succèdent. Bien que fragmentaire, la vision offerte donne une idée de la grandeur de Rome. Sur le tertre du Palatin, une louve aurait allaité Romulus et Remus, les mythiques jumeaux fondateurs de la cité. Là, près du jardin Farnèse créé au XVIe siècle, se dressent les ruines des palais impériaux de Tibère, Caligula et Domitien.

Vue sur le forum de César et sur la voie Sacrée bordée de monuments qui témoignent de la richesse et de l'histoire de la Rome antique.

Rome

Scène baroque

Au XVIIIe siècle, places et fontaines de Rome se sont muées en scènes artistiques. Plus qu'un style exubérant, le baroque matérialise la volonté des papes – grands commanditaires – de glorifier l'Église catholique au lendemain de la Contre-Réforme.

Aux pieds de la place d'Espagne, en contrebas de la Trinité-des-Monts qui jouxte les jardins de la villa Médicis, le très bel escalier à 3 niveaux de l'architecte Francesco de Sanctis plonge tout droit dans la fontaine de la Barcaccia. Ce petit vaisseau de marbre porte les armes des Barberini, famille du pape Urbain VII pour lequel le Bernin et son fils ont œuvré. Dans le prolongement de la via Condotti, artère célèbre pour ses enseignes de luxe, la fontaine de Trevi, réalisée par Nicola Salvi, surgit, bloc de marbre en forme d'arc de triomphe. Construite à la demande du pape Benoit XIV au dos d'un palais, cette allégorie de l'Océan guidée par Neptune dissimule la bouche de l'aqueduc romain, l'Acqua Vergine, qui achemine toujours l'eau d'une source. De là, la place Navone est un lieu de passage obligé. Symbolisant les continents, la fontaine des Quatre Fleuves du Bernin fait face à l'église Sainte-Agnès en Agone dont Borromini a dessiné la façade, selon le vœu du pape Innocent X.

La fontaine de Trevi est une star depuis qu'Anita Ekberg y a pris un bain devant Marcello Mastroianni, dans La Dolce Vita *de Fellini.*

Rome

EUR, la « troisième Rome » mussolinienne

Évocation de la Rome impériale, qui fut l'un des fondements de la mythologie fasciste, le quartier de l'EUR se révèle être un projet d'urbanisme précurseur, le cœur d'un quartier d'affaires avant-gardiste à l'étonnante architecture moderniste.

En pénétrant la via Cristoforo Colombo, le visiteur découvre une vaste zone urbaine de 420 hectares dont l'atmosphère étrangement vide fait penser aux toiles surréalistes de Giorgio de Chirico. Au sud du centre historique, le quartier de l'EUR – prononcer « èour » – aligne de larges boulevards à l'américaine et des immeubles à l'aspect massif et orthogonal, au marbre éclatant. Par leur taille et leur caractère antiquisant, ces bâtiments posés sur d'impeccables carrés de verdure résument la grammaire ostentatoire de l'architecture fasciste, qui se rêve en nouvel empire. Entourée de piliers et de fontaines colossales, la place des Nations unies s'inspire du plan classique des marchés romains de Trajan. L'Exposition universelle romaine, qui devait célébrer les 20 ans du régime mussolinien en 1942, fut annulée en raison de la Seconde Guerre mondiale. Subsiste ce décor grandiose, à l'image du cube du Colisée carré, monumentale abstraction qui marque l'espace de sa géométrie pure.

Emblématique de la Rome fasciste, le palais de la Civilisation italienne est surnommé le « Colisée carré » (1938-1940).

Rome

Balade au cœur de l'ancien ghetto juif

Depuis 2000 ans, la communauté juive a pris ses quartiers dans Rome. Elle est sans doute l'une plus anciennes d'Europe. Du Trastevere à l'île Tibérine, ces lieux de mémoire traversent des places pleines de vie, aux murs enduits d'orange vif.

Après la conquête de Jérusalem en 70 après J.-C., la diaspora s'amplifie. Inscrits en relief sur l'Arc triomphal du général Titus, le chandelier à 7 branches et les trompettes du temple de Salomon sont des symboles devenus trophées. À leur arrivée, les exilés s'installent dans le Trastevere qui devient leur faubourg. Au XIIIe siècle, ils commencent à migrer de l'autre côté du Tibre, dans une aire délimitée par le théâtre de Marcellus à l'est, la via delle Botteghe Oscure au nord, la Torre Argentina au sud et la via Arenula à l'ouest. Puis vient le temps de l'intransigeance et du couvre-feu. Sur ordre de Paul IV, le *claustrum* délimite un ghetto juif. Ses habitants sont mis à la marge, entassés sur 3 hectares. Parmi les lieux de mémoire contant cette histoire : les petites places colorées Pescheria, Margana, Giudea et Mattei (célèbre pour son palais et l'adorable fontaine aux tortues), le portique d'Octavie, la synagogue (1904) et l'île Tiberine, à laquelle mène le pont Fabricio.

Depuis l'enclave de l'île Tibérine, on atteint le quartier très pittoresque et animé du Trastevere en traversant le « pont des juifs ».

Rome

Mosaïques, trésor paléochrétien et médiéval

L'art chrétien des origines a utilisé la mosaïque, portée auparavant au sommet par les Romains. Réalisées en pâte de verre colorée et dorée, les plus anciennes conservées dans les édifices de culte catholique datent des IVe et Ve siècles.

Les fouilles de la Crypta Balbi ont révélé un four et des tesselles. Du IVe au XIIIe siècle, la mosaïque exprime une piété populaire. Ces éclatantes images s'admirent sur l'Esquilin où la patriarcale Sainte-Marie-Majeure conserve ses structures paléochrétiennes : la scène de couronnement de la Vierge de l'abside intègre des éléments du Ve siècle. À proximité, la petite basilique Sainte-Pudentienne ne garde de ses origines qu'une mosaïque où, entouré des symboles des 4 évangélistes et d'un collège apostolique vêtu de toges de sénateurs, le Christ irradie (IVe siècle). À côté, la coupole de la basilique (IXe siècle) Sainte-Praxède est richement décorée, de même que la chapelle du mausolée byzantin de Théodora. Près du Forum romain, l'église des Saints-Côme-et-Damien, montre saint Pierre et saint Paul les présentant au Christ (VIe-VIIe siècle). Saint-Clément, Santa Maria in Trastevere, Santa Maria In Cosmedin, Saint-Jean-du-Latran, Sainte-Constance, Sainte-Agnès-hors-les-murs et San Paolo fuori le mura ont aussi leurs trésors…

La mosaïque absidiale de la basilique Sainte-Marie-du-Trastevere représente le Christ et la Vierge sur un trône, au-dessus d'un cortège d'agneaux.

Rome

Splendeurs de la Renaissance

Même si c'est à Florence qu'est né le quattrocento, Rome s'entiche d'humanisme à la fin du XVe siècle, ranimant mythologie et Antiquité. Portée par le mécénat papal, la Renaissance fait naître des édifices somptueux dans une frénésie de changement.

Commandités par Nicola V, Jules II et Léon X, de grands artistes transforment la ville. Récemment exhumés, des fragments de reliefs romains sont plaqués sur les monuments. À San Pietro in Montorio, Bramante fixe les canons architecturaux avec son Tempietto (1502). Sa conception du style classique, qui fait la synthèse entre art antique et art de la Renaissance, fera des émules. Dans la même veine, la villa Farnesina du Trastevere, le palais Farnèse bordant le Campo dei Fiori, la Chancellerie apostolique et Santa Maria della Pace près de la piazza Navona voient le jour. Au Vatican, leur prêtant les traits d'illustres penseurs grecs, Raphaël peint les maîtres de son époque sur la fresque de *L'École d'Athènes* (1511). Avant que ne débute la construction de Saint-Pierre (1506), Michel-Ange a sculpté *La Pietà* (1501). En 1508, il peindra le plafond de la chapelle Sixtine. Paul III le nommera ensuite architecte du Vatican en 1547, 20 ans après le sac de Rome par les troupes de Charles Quint…

Emblème de l'architecture de la Renaissance, le tempietto *de Bramante a été édifié sur le lieu présumé de la crucifixion de saint Pierre.*

Rome

Un parterre d'églises et de temples

Les monuments sacrés sont parmi les plus emblématiques joyaux de la Ville éternelle, qui en compterait plus que de jours dans l'année. Traversant les époques et les styles, églises et temples content l'histoire artistique et religieuse de Rome.

Malgré ses 2000 ans, le Panthéon se dresse intact près de la piazza Navona. Deux portes en bronze antique marquent l'entrée sous l'immense voûte de ce temple converti en église chrétienne au VIIe siècle. Saint-Paul-hors-les-murs, Saint-Jean-du-Latran, Sainte-Marie-Majeure et Sainte-Sabine sont les premières basiliques primitives (IVe-Ve siècle). Saint-Clément superpose 3 époques sur les fondations d'un temple païen (IIe siècle), comme Santa Maria in Cosmedin, tandis que Sainte-Cécile et Santa Maria in Trastevere s'élèvent sur les sites secrets des premiers cultes. Saint-Pierre marque l'entrée dans la Renaissance, où le génie de Michel-Ange s'exprime, comme dans la chapelle Sixtine et dans la basilique Santa Maria degli Angeli. Le Tempietto de Bramante et son cloître de Sainte-Marie-de-la-Paix sont ornés des fresques de Raphaël, qui œuvra aussi à Sainte-Marie-du-Peuple. Le Baroque a légué les grandes églises réformées du Gesù et de Saint-Ignace-de-Loyola et une vision divine du Bernin : Saint-André-du-Quirinal.

Le diamètre de la gigantesque coupole à caissons du Panthéon – la plus grande de toute l'Antiquité – est égal à la hauteur du temple : 43 mètres.

LIGURIE
Gênes
Portofino
PN des
Cinque Terre
Alpes Ligures
Riviera du Ponant
Riviera du Levant
Golfe de Gênes

Ligurie

Parc national des Cinque Terre

Des gradins face à la mer

Au nord du golfe de la Spezia, les bourgs des Cinq Terres défilent, d'ouest en est : Monterosso al Mare, Vernazza, Corniglia, Manarola et Riomaggiore sont rattachés à un parc national.

Site également classé par l'Unesco, le plus petit des parcs nationaux italiens concentre ses beautés sur un sol accidenté. Dans ce paysage à pic sur la mer, villages et cultures sur des terrasses séculaires s'arriment aux falaises et aux coteaux escarpés où poussent pieds de vigne, oliviers et quantité d'agrumes et de basilic. Des kilomètres de murets en pierre sèche soutiennent cette agriculture étagée. Sur ces 18 miles de côte rocheuse toujours difficile d'accès, Monterosso est la plus grosse localité, réputée pour sa plage et son panorama. Ici débute le sentier qui relie les villages de pêcheurs, unis comme les doigts de la main. Abrité des tempêtes, Vernazza niche sur un promontoire ; faisant corps autour de l'église, ses maisons colorées sont compactes. Corniglia fait exception. Plus champêtre, car sans ancrage, on y accède par un escalier de 382 marches. Depuis Manarola, le sentier dell'amore rallie les rochers noirs de Riomaggiore, fondé au VIIIe siècle par des réfugiés grecs.

Les maisons de Manarola, bourgade médiévale et sauvage des Cinque Terre, forment une mosaïque bigarrée.

Gênes

Le port d'attache de Christophe Colomb

La ville du plus illustre navigateur de tous les temps est un port très actif, le point de rencontre de toutes sortes de bateaux, ferrys ou cargos… Tourné vers la mer et l'avenir, le quartier de l'aquarium et du Porto Vecchio cultive son beau patrimoine.

Fondée par des marchands phéniciens et étrusques, Gênes est toujours l'une des principales portes de communication entre le nord et le sud de l'Europe : une épopée contée au Galata Museo del Mare. L'actuel premier port d'Italie fut le siège d'une puissante république maritime (XIe-XVIe siècle). Bordé par l'autoroute, le palais de la banque Saint-Georges (XIIIe siècle) n'a hélas plus guère sa place dans le décor du port. Les anciens quais ont été aménagés lors du 500e anniversaire de la découverte de l'Amérique. La pieuvre de métal blanc qui rôde devant est une œuvre de Renzo Piano qui cache des ascenseurs panoramiques. L'architecte a aussi réalisé la restauration des anciens entrepôts de coton qui abritent la Cité des enfants, sur le modèle de La Villette. De là, l'aquarium et ses merveilles sous-marines sont à deux pas. Si la bulle de verre de la Biosphère y reproduit sous cloche une forêt pluviale, le musée national de l'Antarctique, posé face au bassin des Grâces, étudie le continent de glace.

La proue d'un galion pour rappeler qu'à la suite des croisades, la république de Gênes fit fortune durablement grâce à la banque Saint-Georges.

Gênes

Des palais pour les visiteurs d'État

Gênes connut un apogée architectural aux XVIe et XVIIe siècles. Destiné aux hôtes de marque, le système des Rolli institua une obligation d'hébergement public à une sélection de résidences privées : 42 palais classés par l'Unesco.

En 1570, une poignée de familles génoises détient les créances de l'Europe catholique. Gouvernée par cette oligarchie, la ville jouit d'une stabilité politique et prospère. Les riches aristocrates et les banquiers qui constituent cette classe dominante ont envie de demeures à leur mesure. Dans le centre historique de Gênes, l'autorité publique lance un vaste programme de construction avec l'aménagement de voies urbaines résidentielles : les Strade Nuove. Via Garibaldi et via Balbi, ce projet très novateur de développement urbain unitaire fera école, un modèle largement diffusé grâce à l'adhésion d'artistes comme Rubens. Mais l'État a besoin de lieux de représentation : par décret, le Sénat « réquisitionne » des appartements dans les palais Renaissance et baroque bordant les « rues neuves ». Les cardinaux, gouverneurs et ambassadeurs en visite seront les invités de prestige des demeures d'excellence de la noblesse génoise, tels les palais Tursi, Bianco, Rosso et Lomellino…

Construit pour les riches Balbi qui ont donné leur nom à la rue, le Palazzo Reale devint ensuite la résidence officielle de la famille de Savoie.

Gênes

De fief en fief

La physionomie de la ville entière, véritable puzzle de places et de ruelles, révèle l'esprit de la république maritime. En rivalité constante, chaque grande famille génoise et chaque corporation avait à cœur d'avoir son agora, son église, son palais…

Depuis la Piazza San Lorenzo, le cœur de la vieille ville déroule son écheveau de venelles. Consacré en 1118, le *duomo* de Gênes alterne les strates de pierres grises et de pierres blanches dans un jeu graphique typiquement ligure. Sa belle façade gothique s'orne d'une statuaire qui rappelle un peu le style des cathédrales françaises. Normal : sur cet édifice couronné de 2 clochers inégaux, des ateliers lombards, normands, français et pisans ont œuvré de concert. Sur le tympan, le martyr de saint Laurent, littéralement rôti par d'impitoyables bourreaux, offre une vision saisissante. Le trésor d'art sacré conserve une curiosité : un vase en verre soufflé de couleur émeraude présenté… comme le Saint-Graal. Jouissant d'une position centrale, la Piazza San Matteo est le fief de la famille Doria. Ces patriciens y édifièrent un palais et une chapelle nobiliaire. Dans le dos du palais San Giorgio, la Piazza Banchi incarne le foyer des affaires. Outre les banquiers, les marchands y avaient leur loge, près des marchés…

Gardant les voûtes bicolores de la cathédrale de San Lorenzo, de très hiératiques lions de marbre scrutent le parvis, la crinière en panache.

Portofino

Élégante escale

La presqu'île de Portofino dessine un promontoire de rêve pour les luxueux yachts qui viennent y accoster. Le paysage de cette escale chic est protégé par un parc naturel régional et une réserve marine, à découvrir à pied ou en plongée.

Face au port de plaisance accessible par la sinueuse *strada panoramica*, Maupassant écrivait que Portofino *« s'élargit comme un croissant de lune autour de ce calme bassin... »*. La fréquentation s'est accrue et *« la crique cachée, presque introuvable, où la mer pénètre, forêt de pins, d'oliviers et de châtaigniers »* décrite par l'écrivain s'est muée en station balnéaire huppée. Depuis les années 1950, sa baie a accueilli presque incognito les Rossellini, Bergman, Wayne, Burton... Prisée des stars, Portofino est un peu le Saint-Tropez italien, avec ses boutiques de luxe et ses restaurants. Un fortin veille sur l'élégante marina : le château Brown. Construit pour parer aux pirates, il jouit d'une vue imprenable sur le golfe de Rapallo, tout comme le phare. Du village de pêcheurs de Camogli, un autre belvédère embrasse l'horizon, de la pointe de la Chiappa jusqu'à Gênes : la terrasse de San Rocco. Nichée dans une anse entre ces 2 caps, l'abbaye de San Fruttuoso est un prodige (XIIIe siècle).

Au creux d'une anse bordée de pinèdes et de villas enchanteresses, Portofino est prisée des élites depuis la fin du XIXe siècle.

Riviera du Levant

Le rêve intact

À l'est de Gênes, le littoral montagneux de la Riviera du Levant égraine sites et villégiatures de renom, du coquet golfe de Tigullio, sur lequel s'avance le promontoire de Portofino, aux sauvages Cinque Terre et jusqu'à Portovenere et La Spezia.

Suite de coteaux escarpés miraculeusement préservés de l'avidité des promoteurs immobiliers, la partie est de la côte ligure est comme un rêve intact, une nature inviolée. Morcelée en caps rocheux pleins de caractère, la riviera du Levant offre sans cesse d'éblouissants panoramas. Les localités touristiques de Camogli, Rapallo, Sestri et Portofino sont les premières perles qui sertissent le golfe de Tigullio, refuge des célébrités. Au-delà des 5 bourgs suspendus des Cinque Terre, territoires indomptés où le temps et la modernité semblent n'avoir aucune prise, le golfe des Poètes conclue en beauté cette litanie de rivages propices au farniente. Shelley, Pétrarque et Montale y appréciaient déjà l'entente parfaite entre les éléments lisibles de son paysage : mer, terre et hommes sont ici depuis toujours à l'unisson. Portovenere et la partie orientale de la Riviera du Levant sont à juste titre inscrits sur la liste du Patrimoine mondial de l'Unesco.

Entourée des îles Palmaria, Tino et Tinetto, Portovenere possède un port charmant dont l'entrée est gardée par San Lorenzo, austère église fortifiée.

Riviera du Ponant

La côte du soleil

De Gênes à la frontalière Vintimille, la côte occidentale de Ligurie tire une longue langue de sable dorée que les estivants investissent depuis déjà longtemps. Plages et villes animées ou arrière-pays plus secret, la Riviera du Ponant séduit.

La Ligurie est un jardin sur la mer. Une closerie impeccablement entretenue. Lauriers et palmiers plantent ici un décor exotique. Adulée des Anglais à la fin du XIXe siècle, la Riviera du Ponant fut si célèbre qu'elle donna longtemps le *la* du tourisme balnéaire. Vintimille, Bordighera, San Remo, Imperia, Cervo, Alassio, Albenga, Borgio Verezzi, Finale Ligure, Noli, Savone, Albissola Marina et Varazze continuent d'assurer sa célébrité. Deux grands pôles se distinguent. De la frontière française à Cervo, la région de San Remo, ville réputée pour son Festival de la chanson, incarne la joie et la douceur de vivre de la Riviera des Fleurs, en référence aux cultures horticoles qui bénéficient d'un ensoleillement généreux sur ses collines. La Riviera des Palmiers s'organise quant à elle autour de la province de Savone et de ses plages. Les pittoresques Noli et Albenga préfigurent un arrière-pays de bourgs historiques : Dolceacqua, La Pigna, Taggia, Diano Castello, FinalBorgo sont haut perchés.

Capitale de la Riviera des Fleurs louée pour son éternel printemps, San Remo possède un casino (1905) qui fut très fréquenté par la noblesse russe.

Lac Majeur
Lac de Lugano
Lac de Côme
Adamello
Côme
Val Camonica
Bergame
LOMBARDIE
Lac de Garde
Brescia
Milan
Tessin
Pavie
Crémone
Mantoue
Pô

Lombardie

Bergame

Citadelle bipartite

Aux pieds des Alpes, dans la région de la plaine du Pô, Bergame est cernée de collines et scindée en une ville haute et une ville basse. Protégée par une impressionnante enceinte édifiée par les Vénitiens au XVIe siècle, la *città alta* est son joyau ancien.

Le périmètre médiéval se gagne en funiculaire, en voiture ou via les marches des scorlazzini. Quatre portes, Sant'Agostino, San Lorenzo, Sant'Alessandro et San Giacomo, font pénétrer le cœur de la cité gardée par 5 kilomètres de remparts. Piazza Vecchia, l'horloge de la Tour civique (XIIe siècle) dominant la fontaine du Contarini sonne 100 coups à 22 heures, à la clôture de l'enceinte. Face à la bibliothèque du blanc palais Scamozziano, d'esprit palladien, le palais de la Raison (XIIe siècle) témoigne de l'emprise de Venise, un lion trônant à son balcon. À travers ses arcades, la Piazza du Duomo apparaît. Au flanc de Santa Maria Maggiore, édifice roman réputé pour ses marqueteries polychromes et son confessionnal baroque, se tient la Capella Colleoni. Plus élégant encore que le baptistère, ce mausolée finement sculpté (1470) recèle des fresques de Tiepolo (XVIIIe siècle). Dans le bas Bergame, l'Accademia Carrara est nantie en tableaux de Botticelli, Pisanello, Mantegna, Raphaël, Lorenzo Lotto…

Réalisée par l'architecte de la chartreuse de Pavie, la chapelle du condottiere Bartolomeo Colleoni est un chef-d'œuvre de la Renaissance lombarde.

Brescia

Remonter le temps, de place en place

Sous l'œil du bienveillant Castello, qui a pris position au nord, sur la colline Cidneo, le centre de Brescia s'articule autour des Piazze del Foro, Paolo VI, della Loggia et della Vittoria qui symbolisent tour à tour une étape de son histoire agitée.

Avant de devenir romaine, cette ville d'art fut la capitale des Cenomans, peuple venu de Sarthe qui la nomma Brixia, dérivé du gaulois *brica* indiquant un tertre… Un fascinant voyage à travers les époques débute place du Forum. Les ruines du temple du Capitole construit par Vespasien et celles plus éparses du forum, du théâtre et de la basilique s'égrènent le long de la via dei Musei qui mène au monastère Santa Giulia où la genèse de la ville est contée. À l'ouest, la place Paul VI accueille la cathédrale. La rotonde du Duomo Vecchio (XIIe siècle) est dominée par la silhouette de marbre immaculé du Duomo Nuevo de Santa Maria Assunta (XVIIe siècle). Tout près, la Piazza della Loggia se réfère à l'édifice grandiose de la Renaissance qui loge l'hôtel de ville. En face, les 2 palais des Monts-de-Piété donnent à la place un air vénitien qui tranche avec la rigueur fascinante de la place de la Victoire voisine, inaugurée en 1932, avec les fausses loges de la tour de briques de l'immeuble des postes.

Place de la Loge, un palais achevé par Palladio et Sansovino et la tour de l'horloge qui marque les heures, frappées par deux automates.

Chartreuse de Pavie

Symbole du mécénat des Visconti-Sforza

Emblème de la Renaissance lombarde, la chartreuse des Grâces est excentrée par rapport à Pavie. Fondée en 1396 par Jean Galeas Visconti, seigneur de Milan, pour servir de mausolée à sa famille, elle fut complétée un siècle plus tard par les Sforza.

Réalisé en grande partie aux XVe et XVIe siècles, cet ensemble architectural d'une infinie richesse regroupe une succession de styles allant du gothique au baroque. Une grande cour, une église, un petit et un grand cloître, un réfectoire et des cellules de moines le composent. Due à Giovanni Antonio Amadeo, qui œuvra aussi à la chapelle Colleoni de Bergame, aux frères Mantegazza et à Cristoforo Lombardo, la façade est un morceau de bravoure sculpté dans le marbre. Véritable source d'inspiration pour la première Renaissance française, ses médaillons à l'antique et ses pilastres ornés de rinceaux seront imités à Blois… L'intérieur gothique contient le tombeau du fondateur (fin XVe siècle), qui préfigure ceux de Michel-Ange, la Vierge à l'Enfant et la Madone du Bergognone (XVe siècle), diverses fresques et le triptyque en dents d'hippopotame et en ivoire (XIVe) de l'ancienne sacristie. Les arcades du grand cloître qui ouvrent sur les cellules monacales sont coiffées de superbes médaillons en *terracotta*.

L'exubérante ornementation de la façade de la Certosa di Pavia, couverte des sculptures de marbre polychrome d'Amadeo, de Mantegazza, de Lombardo…

Crémone

L'âme des violons

Crémone s'est développée à la limite entre la Lombardie et l'Émilie-Romagne, à l'ouest de Mantoue. Mondialement connue pour ses luthiers, la ville possède un autre ornement : la place médiévale de la Commune, plantée du noble campanile du Torrazzo.

Au sommet de Crémone, les bâtisseurs du Moyen Âge ont conçu un ensemble monumental qui témoigne comme nul autre en Italie du nord de la transition entre les styles roman et gothique : la cathédrale consacrée à Notre-Dame de l'Assomption et le baptistère octogonal attenant. Flèche fichée au cœur de la Piazza del Comune, le Torrazzo est une pesante tour de briques rouge (XIIIe siècle) couronnée d'un clocheton octogonal (XIVe siècle). Plus haute encore que la Torre del Mangia de Sienne avec ses 111 mètres, c'est le campanile le plus élevé de la péninsule. L'ascension de ses 500 marches offre une vue splendide. À son front, au quatrième étage, une horloge astronomique (XVIe siècle) reproduit le ciel et les constellations zodiacales dans lesquelles le Soleil a rendez-vous avec la Lune. Capitale des luthiers, Crémone célèbre la musique et les dynasties des Amati, Guarneri ou Stradivarius, excellents fabricants d'instruments à vents auxquels est consacré un musée couvrant l'âge d'or des violons, de 1520 à 1740.

Le Torrazzo et la cathédrale sont reliés par une galerie de la Renaissance. Sous la rosace, la loggia accueille la Vierge à l'enfant et deux évêques.

Iles Borromées

Perles du lac Majeur

Accessibles par bateau depuis Stresa, les trois îles Borromées – Isola Madre, Isola Bella et Isola dei Pescari – portent le patronyme de leurs acquéreurs, les Borromeo, qui ont serti leur décor de jardins et de palais princiers, splendeurs à visiter.

La plus grande de cette triade située sur le côté italien du lac Majeur est Isola Madre, un « paradis terrestre » selon Baudelaire. Au centre du golfe Borromée, sa beauté naturelle est magnifiée par un fabuleux jardin botanique qui présente 150 espèces de camélias. Parmi ses massifs d'azalées et les rares cyprès du Cachemire (ou arbre aux mouchoirs du Tibet) vivent en liberté des paons blancs et des perroquets, exotiques à souhait. Le Palazzo Borromeo (XVIe siècle), demeure familiale aménagée ici en musée, est à comparer au fastueux palais baroque (XVIIe siècle) qui s'étale sur Isola Bella, nommée ainsi en hommage à la comtesse Isabelle Borromée. Dans une débauche de cristal, de bois dorés, de stucs, de sculptures, de divines peintures murales et de tableaux – dont un Léonard de Vinci – les 25 salles sont en accord parfait avec les jardins à l'italienne en terrasse plantés d'orangers. Au nord, la petite île des pêcheurs a un charme plus modeste, avec ses ruelles et ses balcons en bois.

© rosa amato - Fotolia.com

Isola Bella, 320 mètres de long sur 180 mètres de large, concentre le palais Borromeo, le château baroque et ses divins jardins de forme pyramidale.

Lac d'Orta

Rivages placides

Situé aux confins de la province piémontaise de Novare et de la Lombardie, le lac préalpin d'Orta n'a pas les dimensions de son voisin, l'ample lago Maggiore qui lui est parallèle, mais c'est un havre de villégiature paisible, à échelle humaine.

Entre le lac Majeur et la vallée alpine de la Valsesia, réputée pour le tourisme religieux autour du Sacro Monte de Varallo, le lago d'Orta est aussi appelé lac Cusio. Créé par le glacier du Simplon, il est le plus occidental des lacs alpins. Rien ou presque ne vient ici troubler la quiétude. À l'extrémité d'une presqu'île, Orta San Giulio est une station climatique d'une rare tranquillité sur la rive est du lac, la plus douce. Aucune voiture ne sillonne ce village authentique. Rue Motta, les maisons anciennes aux lourds portails de granit et les grilles en fer forgé finement ouvragées tissent une ambiance rétro. Face au mont Mottarone, qui jouit d'une vue à 360° sur les Alpes et les grands lacs, la rive ouest du lac d'Orta paraît plus enclavée. L'île de San Giulio, l'unique île du lac, contient la basilique San Giulio et ses visiteurs sont invités à respecter son silence. À la pointe nord, la commune piémontaise d'Omegna se voue au design culinaire avec les maisons Alessi ou Lagostina…

Face à la petite ville médiévale d'Orta San Giulio, entrecoupée de passages pittoresques, un îlot de prière où le silence est la règle.

Lac de Côme

Alliance romantique de l'art et de la nature

Au nord de Milan, le lac de Côme, que les Romains nommaient Larius lacus, a toujours fasciné l'aristocratie, les écrivains… Un miroir inspirant pour les artistes qui, depuis Pline et Virgile, viennent goûter à la beauté éternelle de ses rives.

Près de la frontière italo-helvète, ses rives forment un Y renversé que l'on verrait assez bien être celui du mot abysse avec ses 410 mètres de profondeur. Sur ses rives en eaux calmes, villages balnéaires et petits ports charmants se succèdent. Sur la rive sud-ouest, Côme, dont s'éprit Stendhal, est agréable à découvrir en bateau. La façade virtuose du *duomo* (XIVe siècle) est un bijou d'élégance qui jouxte le palais du Broletto (XIIIe siècle). De là, il faut embarquer vers la villa Carlotta et ses jardins en terrasse à Tremezzo et vers la luxueuse villa d'Este transformée en hôtel à Cernobbio. Lecco se blottit dans l'anse est alors que Colico pointe au nord, près de l'abbatiale clunisienne de Piona. Au mitan des ramures méridionales, Bellagio a le pouvoir de mettre ses hôtes à l'abri du tourment, comme Franz Liszt qui choisit d'y couler les jours heureux de sa lune de miel. Une mélancolie s'en dégage qui a tour à tour piégé Flaubert, Visconti, Sinatra, Hitchcock, Rita Hayworth, Verdi, Fauré, la Callas ou Wagner…

© MauMar70 - Fotolia.com

Bellagio, qui séduisit Franz Liszt et la noblesse lombarde, passe pour la perle du lac de Côme, à la croisée de ses deux branches méridionales.

Lac de Garde

S'y poser et se reposer

Enchâssé dans l'écrin alpin, à mi-chemin entre Venise et Milan, le lac de Garde offre des berges au climat si suave qu'oliviers, orangers et citronniers en sont devenus les ambassadeurs, valant au plus vaste lac d'Italie son surnom de « bénéfique ».

Barrant le lac et les courants d'air froid venant du nord, les Dolomites forment l'écran magique qui apporte la clémence nécessaire à l'acclimatation d'une végétation méditerranéenne sous de telles latitudes. Ce qui fait tant de bien à la nature ne peut que convenir à l'homme qui a habité depuis très longtemps cette végétation luxuriante. À l'extrémité du promontoire rocheux de la péninsule de Sirmione, les grottes de Catulle – en fait les restes de la villa du poète ami de César et Cicéron –, les bains de Riva del Garda ou la villa romaine de Desenzano del Garda, avec ses mosaïques polychromes, en attestent. Qui mieux que les écrivains pourrait évoquer cette douceur de vivre ? D'Annunzio repose au domaine du Vittoriale, au flanc de la villa néoclassique qu'il s'était fait bâtir à Gardone Riviera, alors que Goethe préférait Limone sul Garda. La notoriété du lac suscita aussi la convoitise : Vénitiens et Véronais ont investi les cités lacustres, également réputées pour leurs cures thermales.

L'imposante forteresse médiévale de la Rocca Scaligera, bâtie par les seigneurs de Vérone, marque l'entrée de Sirmione, sise sur une presqu'île.

Lac de Lugano

Le canton des palmiers

Au nord de la plaine du Pô et à cheval sur la Suisse, le lac fortement ramifié de Lugano – du nom d'une ville helvète – ne possède qu'une petite partie en territoire italien, dans le cadre cerné de montagnes de la province de Varèse.

Pour mesurer son caractère alpin, il faut grimper au-dessus de la station de ski de Lanzo d'Intelvi. Le belvédère de Sighignola (1300 mètres) y offre un panorama sur les grands lacs et les massifs frontaliers. Baptisé « le balcon de l'Italie », ce promontoire permet même, certains jours dégagés, d'apercevoir les cimes enneigées du mont Blanc. De beaux reliefs dominent le lac, tel le Monte Rosa, sommet cadet des Alpes dont la pointe Dufour culmine à 4 633 mètres, ou le Monte Generoso, posté plus modestement à son extrémité sud, dans le canton du Tessin (1704 mètres). Affilié aux septuples lacs de Varèse (Varèse, Comabbio, di Ganna, di Ghirla, Maggiore, di Monate), ce bassin glaciaire n'est pas si rude qu'il en a l'air. Bateau, barque, aviron… ses plages se prêtent même aux bains de soleil depuis que la Suisse l'a baptisé « canton des palmiers ». Pas très loin finalement du nom latin donné par les romains, « Ceresio », qui chantait la douceur de ses rives au temps des cerises et des magnolias.

Depuis le belvédère panoramique de Sighignola situé entre l'Italie et la Suisse, les eaux émeraude du lac de Lugano serpentent dans un cadre sublime.

Lac Majeur

Un saphir serti de camélias

À la frontière du Piémont et de la Lombardie, le lac Majeur est tel qu'on l'imagine : une vaste étendue bleue, un saphir d'une grande pureté, serti de monts verdoyants et de jardins exotiques. Une villégiature de rêve pour les esthètes.

La partie sud-ouest du lago Maggiore se situe en Italie. Ses autres rives, plus au nord, appartiennent à la Suisse. Entouré des Alpes et des vallées septentrionales de l'Ossola, celui que les Italiens surnomment aussi « Verbano » à cause de la verveine qui colonisait son rivage, serpente du canton du Tessin à Sesto Calende. Bien qu'il soit plus grand que ses voisins, jamais plus de 5 kilomètres ne séparent ses côtes est et ouest, facilitant les croisières au fil de l'eau, d'un rivage à l'autre. Au printemps, ses berges se couvrent d'une mosaïque de fleurs. Rhododendrons, azalées, camélias, roses et magnolias composent un bouquet coloré, typique des jardins à l'italienne qui sont ici les indissociables écrins de verdure des somptueuses villas dont la beauté se mêle aux attraits naturels du paysage. Point d'ancrage idéal pour voguer vers les villages portuaires depuis la côte ouest du lac, Stresa permet de rallier les îles Borromées toutes proches, Arona, Pallanza, Laveno et Verbania…

Du rivage de Stresa, vue sur les jardins pyramidaux du Palazzo Borromeo d'Isola Bella, l'une des trois îles Borromées posées sur le lac Majeur.

Valcamonica

La vallée des pétroglyphes

Summum de l'art rupestre, la vallée du Valcamonica présente un ensemble de signes unique au monde. Gravés dans la roche, ces milliers d'œuvres - dont les plus anciennes dateraient du VIIIe millénaire avant J.-C. – sont classées par l'Unesco.

En 1979, l'Unesco posait ses lauriers sur ce site, le premier des trésors italiens inscrit sur la liste du Patrimoine de l'humanité. Pas étonnant : l'art rupestre du Valcamonica constitue l'un des plus grands ensembles de pétroglyphes préhistoriques au monde. Au fur et à mesure des découvertes, le nombre d'œuvres incisées et de graffiti recensés officiellement est passé de 140 000 à environ 250 000, attestant de l'exceptionnelle densité créatrice de l'art rupestre dans cette vallée couvrant quelque 70 kilomètres. Réparties sur les flancs du Val Camonica, ces signes et figures gravés à l'air libre témoignent de la pensée des hommes sur plus de 8 000 ans. De l'Épipaléolithique jusqu'aux périodes romaine et médiévale, les gravures rupestres piquetées dans la roche évoquent les coutumes et le quotidien de l'ancienne civilisation des Camuni. En extérieur, ces pétroglyphes illustrent des scènes de chasse, d'agriculture, de labours, de moissons, de danse, de navigation, de guerre ou de magie…

Les pétroglyphes du Valcamonica sont à voir dans les parcs de l'art rupestre de Darfo Boario Terme, Capo di Ponte, Nadro, Cimbergo et Paspardo.

Pavie

La rivale de Milan

Avec l'immense chartreuse des Grâces qui resplendit à quelques kilomètres au nord de ses murs, la vanité de Pavie réside en son patrimoine roman et médiéval. Sur les rives du fleuve Tessin, 1000 ans d'une histoire assez mouvementée sont contés.

De sa fondation romaine, Pavie a gardé la structure axiale, pas son arc de Triomphe. La cité subit ensuite les pillages successifs d'Attila et d'Odoacre. Puis, Theodoric le Grand la dota d'une nouvelle enceinte derrière laquelle il fit élever palais, amphithéâtre et bains. Avant sa conquête par Charlemagne, qui détrôna son roi en 774, Pavie fut donc capitale des Lombards. Bijou roman, la basilique San Michele Maggiore accueillit même les couronnements de Louis III, empereur d'Occident (900), et de Frédéric Barberousse, empereur romain germanique (1155). Depuis le XIe siècle, la cité rayonne au travers de son université où Leonard de Vinci étudia, dessinant peut-être les plans de la gigantesque coupole du *duomo*. En 1359, ce fut au tour des Visconti de prendre le pouvoir dans leur château de briques, pareil aux églises San Pietro in Ciel d'Oro et San Teodoro (XIIe siècle). Charles Quint y bâtit mémorablement François Ier en 1525, puis Espagnols et Autrichiens l'occupèrent jusqu'à l'unification.

Reconstruit après la guerre fidèlement aux plans de l'original, le pont couvert qui enjambe le cours du Tessin mène au Castello Visconteo.

Mantoue

À la cour des ducs de Gonzague

Que l'amateur d'art ne s'y trompe pas, une petite ville peut se révéler insolemment riche. La preuve avec Mantoue qui, bénéficiant du mécénat des Gonzague, vit fleurir des palais signés Jules Romain que Pisanello et Mantegna couvrirent de fresques.

Présente sur la liste du Patrimoine mondial de l'humanité établie par l'Unesco, Mantoue a vu grandir Virgile, l'auteur de *L'Énéide*. Son centre médiéval déborde de charme. Il fait bon flâner place Sordello, les yeux rivés sur le palais des Bonacolsi, ses anciens seigneurs, sur la tour de la Cage, les atlantes du balcon épiscopal, le dôme ou sur les crénelages du vieux palais du Capitaine. On peut aussi aller place Broletto, où s'élève le palais du Podestat, alors que, place des Herbes, le palais de la Raison et la rotonde de San Lorenzo magnétisent le regard. La dynastie des Gonzague a marqué de son empreinte le palais Ducal, la villa suburbaine maniériste du palais du Te et le palais communal de la cité jumelle de Sabbioneta. Composé de maintes galeries, le palais des Ducs inclut les somptueuses Corte Vecchia, Corte Nueva et le Castel San Giorgio, où Isabelle d'Este créa son studiolo. Salon des Fleuves ou des Archers, galerie des Glaces ou des Métamorphoses, chambres du Zodiaque ou des Époux (…) l'art de la cour s'y exprime sans limite.

Partie ancienne fortifiée du palais ducal de Mantoue, le Castello San Giorgio abrite la chambre des Époux, ornée des fresques de Mantegna.

Milan

Aux pieds de son dôme géant

Si l'antique Mediolanum n'est plus au centre du territoire romain, la capitale de la Lombardie se place en tête des agglomérations d'Italie. Cœur du noyau médiéval, sa titanesque cathédrale ferme la place du Duomo, scène principale de la vie milanaise.

Au sommet du hérisson de marbre du Duomo (108 mètres), qui pointe vers le ciel une centaine de flèches ornementales, la sculpture en cuivre de la Madonnina veille sur la ville. Elle n'est pas la seule. Sans compter les gargouilles, la dentelle de pierre de la cathédrale gothique est « brodée » de 3500 sujets : apôtres, prophètes, figures bibliques… Chimérique, la construction a réclamé plus de 400 ans. En pénétrant la vaste esplanade rectangulaire de la Piazza del Duomo, le visiteur aura aussi remarqué les palais des porches septentrionaux et méridionaux qui bordent ses flancs. Ces portiques marquent symétriquement l'accès à la prestigieuse galerie Vittorio Emanuel II. De style néoclassique, ce bâtiment sous verrière doté d'une coupole qui irradie de lumière cèle un luxueux centre commercial où cafés chics, antiquaires et boutiques de luxe rappellent que Milan est aussi le temple international de la mode et du shopping. Ce passage couvert mène à la Scala, sanctuaire de l'opéra cette fois.

En 1386, Jean Galéas Visconti, seigneur de la ville à l'emblème vipérin lance l'ambitieux chantier du Duomo, troisième église du monde par sa taille.

Milan

Sous l'emprise des Sforza

Parmi les lieux du prestige ducal – l'hôpital Ca'Granda par Filarete, les églises Santa Maria presso San Satiro et Santa Maria delle Grazie de Bramante ou la demeure des Atellani devenue librairie – le château des Sforza est le plus puissant symbole.

Sur les ruines de la citadelle de Galeazzo Visconti, le tout-puissant Francesco Sforza, duc de Milan, s'est fait bâtir une forteresse qui s'est muée en musée. Outre les sections dédiées aux instruments et à la sculpture, la pinacothèque y présente un éventail des écoles italiennes qui complète les collections du cardinal Frédéric Borromée de la pinacothèque Ambrosiana. Fils du duc, Ludovic le More fit venir à sa cour les plus brillants artistes de la Renaissance : Léonard de Vinci peignit la Sala delle Asse, Le Bramantino celle du trésor de la Torre Castellana et Bramante réalisa une passerelle couverte reliant les appartements du duc aux remparts. Colossal quadrilatère flanqué de 4 tours, une paire ronde, l'autre carrée, le château se prolonge par le parc Sempione, d'inspiration antique, clôturé par l'arc de la Paix. C'est ici que se tient la Triennale Design Museum qui expose les dessous de la création milanaise et qui organise chaque année une Design Week de renommée internationale.

Au centre de la résidence des Sforza s'élève la tour du Filatère, détruite au XVIe siècle et relevée il y a une centaine d'années seulement.

Milan

Les basiliques des origines

Avec l'épineux Duomo et l'église Santa Maria delle Grazie, qui recèle *La Cène*, fameuse fresque de Léonard de Vinci, les basiliques paléochrétiennes Sant'Ambrogio et Sant'Eustorgio passent être pour les lieux de culte les plus intéressants de Milan.

Saint Ambroise d'abord. En 379, le vénérable docteur de l'Église, alors archevêque de Milan, entreprend l'édification d'une basilique. Ce Père de l'Église d'Occident, au même titre que saint Augustin, saint Jérôme et Grégoire Ier, y dépose les reliques des jumeaux Gervais et Protais. À sa mort, il est enseveli dans la crypte de l'édifice originel dont ne restent que de menus arcs et pavements. D'une belle sobriété, la basilique romane (XIe-XIIe siècle) qui lui est dédiée contient des mosaïques, des fresques, un ambon pour lire les Évangiles et un spectaculaire maître-autel paré d'or, d'émail, d'argent et de pierreries, pièce majeure de l'art carolingien (IXe siècle). Saint-Eustache se dresse sur les vestiges d'une nécropole où l'apôtre Barnabé aurait baptisé les premiers chrétiens (V^{e}-VIe siècle). Une partie de l'abside daterait du Xe siècle tandis que la chapelle Portinari, dont le plan s'inspire de la Vieille Sacristie de Brunelleschi à Florence, conte sur ses murs le martyr de saint Pierre de Vérone (XVe siècle).

Encadrée de deux Campaniles asymétriques, la façade de Sant'Ambrogio est rehaussée par une loggia composée de cinq arcades devancées par un atrium.

Milan

Les trésors de la pinacothèque de Brera

Plus que celle du palazzo dell'Ambrosiana, qui présente les 250 tableaux et dessins de la collection du cardinal Federico Borromeo, l'opulente pinacothèque de Brera peut rivaliser avec la galerie des Offices à Florence et les musées du Vatican à Rome.

À égale distance du musée national des Sciences et de la Technologie Léonard de Vinci, où l'on peut voir dessins et maquettes du génie de la Renaissance, et du musée public d'Histoire naturelle, réputé pour ses dioramas mettant en scène des espèces disparues, la Pinacothèque fut un couvent et une université, bien avant d'être un palais et de devenir cet extraordinaire musée. Son bâtiment rassemble aussi la bibliothèque nationale de Brera, l'institut lombard des Sciences et des Lettres, l'Observatoire astronomique, le jardin botanique de Brera et l'académie des Beaux-Arts de Brera. En sa cour intérieure, une statue de Napoléon triomphant incarne l'hommage d'Antonio Canova au fondateur du musée. Car c'est en 1809 que la pinacothèque voulue par l'empereur ouvrit. Depuis, chacun est ébahi devant les œuvres époustouflantes des Bellini, de Raphaël, Bramante, Mantegna, Pierro della Francesca, Luca Signorelli, Véronèse, Botticelli, Rembrandt ou encore de Titien, du Tintoret et de Caravage…

Incontournable, ce musée d'art ancien et moderne occupe le 28 via Brera, dans le palais baroque et le quartier du même nom.

SAINT-MARIN
Pesaro
Urbin
Ancône
Lorette
MARCHES
Gradara
PN des monts Sibyllins
Ascoli Piceno

Marches

Pesaro

L'art et la musique en héritage

Ravissante ville portuaire, Pesaro est connue pour avoir donné naissance à Rossini, en 1792. Outre la maison du compositeur, le musée qui lui est dédié et un festival d'opéra où chaque été son répertoire lyrique est joué, les trésors de cette ville sont nombreux.

Pesaro se situe sur le tracé de la via Flaminia, voie romaine menant de Rome à Rimini sur l'Adriatique et nommée « route de Ravenne » au Moyen Âge, du nom de la capitale de l'Empire romain d'Occident puis du siège de l'Exarchat. À la suite des conquêtes lombardes, la ville fut annexée à l'État pontifical avant de connaître la domination successive de 3 grandes familles ducales durant la Renaissance : les Malatesta, seigneurs originaires de Rimini, la dynastie milanaise des Sforza, qui fit bâtir le palais ducal et la Rocca Costanza cernée de douves (xve siècle), puis les della Rovere, ducs d'Urbino à qui la ville doit son âge d'or avec la construction d'une nouvelle enceinte : la Mura Roveresche (xviie siècle). Il en reste aujourd'hui une portion et 2 portes ainsi qu'une kyrielle de palais, comme la Villa impériale. Conçue par Girolamo Genga sur la colline de San Bartolo, elle déploie ses jardins autour d'une cour digne de la villa Giulia, à Rome, et des artistes de renom ont décoré ses chambres : Bronzino, Genga, Menzocchi…

La Sfera Grande ou Palla di Pomodoro, du nom de son sculpteur, est un bronze contemporain sur le lungomare de Pesaro.

Ancône

Un promontoire grec en forme de coude

Capitale des Marches, Ancône possède un port dynamique sur l'Adriatique, assurant les liaisons avec la Croatie et la Grèce. Tout à la fois ville d'art et station balnéaire, son passé gréco-romain et médiéval a laissé de beaux témoignages culturels.

Même dépouillé de ses ornements de bronze, l'arc de Trajan, qui marque depuis l'an 115 l'entrée de l'enceinte portuaire, est une vigie pour les bateaux pénétrant la rade. Une visite au Musée archéologique régional, dans le palais Ferretti (XVIe siècle), s'impose : ses collections préhistoriques, grecques et romaines s'avèrent de premier plan. Prenant de la hauteur sur les flots depuis le mont Guasco, la cathédrale romane Saint-Cyriaque (XIe-XIIIe siècle) domine la vieille ville de sa croix grecque, mêlant influences byzantines et vénitiennes. Ce bâti de pierre grise surmonté d'un dôme timide est dédié à un infatigable voyageur natif d'Ancône et patron de la ville, un marchand humaniste et épigraphiste à ses heures, un pionnier de l'archéologie passé à la postérité comme inventeur de sites grecs antiques aussi prestigieux que Delphes. Autres détours obligés : la romane Santa Maria della Piazza (Xe-XIIIe siècle), la Loge gothique des marchands (XIVe siècle), l'îlot pentagonal du Lazzaretto (XVIIIe siècle) et le théâtre des Muses (XIXe siècle).

Avec ses treize masques de bronze figurant des êtres mythologiques, la fontaine du Calamo est une icône d'Ankon, qui signifie « coude » en grec.

Ascoli Piceno

Brillante cité de travertin

Sans plus attendre l'honorable verdict de l'Unesco, qui se penche actuellement sur le rang à accorder à la ville « aux cent tours », une reconnaissance de ses vestiges romains et des très médiévales Piazza del Popolo et Piazza Aringo s'impose.

Construite en travertin, Ascoli Piceno a vraiment du lustre. Sous le soleil ou par temps de pluie, cette roche calcaire dont les Romains se servirent pour élever les monuments – du Pont de Cecco à celui d'Auguste en passant par le théâtre, l'amphithéâtre et la porte Gemina – brille, reflétant intensément la moindre lumière. Ce phénomène se constate place du Peuple où se déroulent en août les parades médiévales préalables à la Joute de la Quintana, en janvier un carnaval réputé et, en avril, la Fritto Misto, fête gastronomique où courgettes, artichauts et aubergines sont plongés dans la friture. Le palais des Capitaines du peuple et sa tour médiévale (XIIIe-XVe siècle), la loge des Marchands (XVIe siècle), le palais de l'Arengo (XIIe siècle), le Palazetto lombard (XIIe siècle), l'église de Saint-François, la cathédrale de Sant'Emidio et les reliques de sa crypte et ses sarcophages entourent la place Aringo… C'est un merveilleux territoire où l'huile d'olive d'appellation « Oliva Ascolana del Piceno » garnit les tables gourmandes.

Posée au croisement des axes romains sur un « miroir » de travertin, la place du Peuple, bijou d'urbanisme, aligne monuments gothiques et Renaissance.

Gradara

La légende de Paolo et Francesca

À une courte chevauchée de Pesaro, à la lisière des Marches et de la Romagne, le bourg médiéval de Gradara est dominé par une superbe *rocca*. Les amours tragiques de deux de ses illustres occupants inspirèrent les écrivains, Dante en particulier.

Comme les Roméo et Juliette de Shakespeare, à qui la rivalité entre les Capulet et les Montaigu rendit la vie impossible, Paolo et Francesca sont des héros de papier que la littérature n'a pas tout à fait inventé. L'intrigue sentimentale qui inspira Dante, Pétrarque, Boccace et D'Annunzio se noua ici. Toile de fond de la *Divine Comédie*, la liaison malheureuse entre Paolo Malatesta et Francesca Polenta, épouse du dur Giovanni Malatesta, le frère de son galant, eut pour cadre la forteresse de Gradara. La belle trouvant quelque peu repoussant son époux, le difforme seigneur de Rimini, s'était éprise de son beau-frère, chevalier d'allure bien plus noble. Derrière les remparts de la citadelle du XIIe siècle, qui toise le proche littoral, les amants se sont aimés en secret jusqu'à ce que, surprenant leur premier baiser, le mari les tue. Romantique à souhait, l'écho de la poésie et de l'histoire résonne encore entre les murs de Gradara.

La partie ancienne du Castello de Gradara a été érigée par la famille de Griffo. Les Malatesta, puis les Sforza, régnèrent ensuite sur Pesaro.

Lorette

La Sainte-Maison de Nazareth

Devenu lieu de pèlerinage et de dévotion dès la Renaissance, l'un des plus illustres sanctuaires dédié à la Vierge Marie se trouve à Loreto, dans les Marches italiennes. Une histoire pleine de mystères à découvrir au cœur de la province d'Ancône.

La tradition chrétienne veut que, pour la préserver des menaces sarrasines, des anges aussi ailés que zélés aient transporté la Santa Casa, où la Vierge Marie vécut et reçut la visite de l'ange Gabriel, ici, dans les Marches, après une première halte en Croatie. Sa maison de Nazareth fut, dit-on, miraculeusement déposée aux pieds d'une dame du pays, en 1294. La bienheureuse gardienne de ce lieu sacré s'appelait Lorette et c'est en hommage au cadeau divin que Loreto fut ainsi nommée. Elle fut rapidement élevée en cité mariale et épiscopale. Plus prosaïquement, les historiens avancent que c'est un certain Nicéphore Ier Doukas Commène, prince byzantin et despote d'Épire, qui fit transférer une maison typique de Palestine, débarquée sur les côtes dalmates avant d'être transportée jusqu'ici. Abritée par des murailles, la cité devint un lieu de pèlerinage majeur à la Renaissance : Érasme et Descartes se recueillirent en sa basilique gothique construite entre 1468 et 1587.

Campanile exclu (1750), le sanctuaire de Lorette, ceint des remparts d'Antonio da Sangallo le Jeune, disciple de Bramante, date de la Renaissance.

Urbin

Berceau de Raphaël et de l'humanisme

La Renaissance atteint ici son apogée sous le règne de Frederic III de Montefeltro (1444-1482), condottiere hautement cultivé qui fit bâtir en son palais des trésors qui valurent à la ville son inscription au Patrimoine mondial de l'Unesco.

C'est au XIIe siècle qu'Urbino devint une terre inféodée à la maison de Montefeltro, qui gouvernait un vaste État couvrant la partie septentrionale de l'actuelle région des Marches. Au mitan du XVe siècle, Frederic III de Montefeltro accueillit à sa cour des artistes qui firent d'Urbino un des creusets de la première Renaissance. Protecteur de Pierro della Francesca, qui réalisa son portrait dans un saisissant profil, le duc fit concevoir son palais par Luciano Laurana et son décor par Cosimo Rosselli, Roberto Valturio, Frederico Barocci et Francesco di Giorgio Martini. Le studiolo, cabinet de travail intime du condottiere, réalisé entièrement en trompe-l'œil marqueté par Baccio Pontelli, symbolise la quintessence de son mécénat dont l'importance se mesure aussi au regard de sa grande bibliothèque, la seconde après celle du Vatican, dotée de son propre scriptorium. L'année qui suivit la mort du duc, la ville accoucha d'un autre génie, à la gloire plus éternelle encore : le peintre Raphaël.

Sur sa colline saupoudrée de neige, la masse compacte et savamment architecturée d'Urbino qui, à l'abri de ses fortins, entretint une cour raffinée.

Gubbio
Pérouse
Lac Trasimène
Assise
Spello
OMBRIE
PN des monts Sibyllins
Spolète
Orvieto
Carsulae
Terni
Cascade des Marmore
Narni

Ombrie

Assise

À tombeau mystique, fresques mythiques

Sur le versant occidental du mont Subasio, Assise se déploie en terrasses, un immense portique à colonnes servant de perchoir à sa basilique étagée. Derrière sa muraille antique, le tombeau du fondateur de l'ordre franciscain et un trésor de fresques…

Non loin de l'ermitage des grottes de Carceri, où saint François et ses premiers compagnons méditaient, Assisi, ville sanctuaire classée au Patrimoine mondial par l'Unesco est l'objet d'un double pèlerinage. Les croyants se rendent sur les terres natales de Francesco Bernardone (1182-1226), l'un des saints les plus populaires de l'Église catholique. Celui qui a renoncé à la fortune familiale pour « épouser dame Pauvreté » fut canonisé au XIIIe siècle. Son tombeau est le socle rocheux sur lequel ont été édifiées les basiliques gothiques qui forment cet ensemble sacré d'exception, entouré des palais du Capitaine du peuple (XIIIe siècle) et des Prieurs (XIVe siècle). Les amateurs d'art viennent aussi admirer les peintures médiévales de Cimabue, Pietro Lorenzetti, Simone Martini et surtout celles de Giotto. Visible en l'église supérieure de la basilique Saint-François, son fameux cycle de fresques contant en 28 tableaux la vie et l'œuvre du saint marque les prémices de la renaissance picturale italienne.

Nichée sur un sommet d'Ombrie, Assise est un bijou médiéval que le tremblement de terre de 1997 a ébranlé, les dommages ont été réparés depuis.

Carsulae

Confortable gîte d'étape de l'Empire romain

Près de San Gemini, ville d'Ombrie rendue célèbre par son eau minérale naturellement effervescente, le site archéologique de Carsulae dévoile une halte organisée sur la via Flaminia, route militaire menant de Rome à Spolète, puis vers l'Adriatique.

À la manière des caravansérails d'Orient, les Romains avaient aménagé des gîtes d'étapes sur les routes majeures de l'Empire. Carsulae a bénéficié d'un trafic d'hommes et de marchandises très dense, dès les années 220 av. J.-C., soit moins d'un siècle après sa fondation. Son essor a atteint son apogée sous Auguste qui en a fait un *municipium* : une cité libre, autoadministrée et disposant du droit de vote, à l'inverse des colonies. Fréquentée à l'origine par les garnisons de soldats, les voyageurs de commerce et les marchands agricoles de la région, Carsulae fut aussi une destination prisée des citoyens romains aisés. Les structures aujourd'hui ruinées de l'amphithéâtre, du forum carré et de son marché et de l'arc en marbre de Trajan dit « de saint Damien » en raison de sa proximité avec l'église paléochrétienne San Damiano (ve siècle) indiquent cette prospérité, de même que les citernes, les thermes, les théâtres, l'amphithéâtre, les temples jumeaux et la nécropole révélés par les fouilles de ce site abandonné.

Bordés par la Via Flaminia, importante route consulaire, les restes du forum et des temples de Carsulae, abandonnée après un glissement de terrain.

Cascade des Marmore

Quand l'homme rivalise avec la nature

Si bien intégrées au paysage qu'elles soient, ces chutes sont artificielles. Par la volonté d'un consul romain, les eaux y font un saut de 165 mètres pour rejoindre la rivière Nera.

Près de Terni, le débit de la Cascata delle Marmore est orchestré par la compagnie qui l'exploite. Toutes les 3 heures, les robinets de la centrale hydroélectrique s'ouvrent… D'où les horaires de visite imposés aux touristes qui viennent admirer la beauté sidérante du lieu sans toujours mesurer l'impact d'une telle installation sur le tissu économique et industriel de la région… Cette œuvre du génie civil a été commandée en 290 av. J.-C. par le consul Manius Curius Dentatus. Ordonnant le creusage d'un canal, ce militaire plusieurs fois distingué pour ses exploits a fait dériver les eaux stagnantes du fleuve Velino qui s'accumulaient en des marais malsains. S'écoulant ainsi dans la vallée de Rieti, elles aboutissent à la falaise de Marmore d'où elles se jettent dans le vide dans un grondement assourdissant avant de bouillonner dans la rivière en contrebas. Cette cascade artificielle, la plus haute au monde, est divisée en 3 sections superposées offrant des visions puissantes.

Des chemins sans difficulté approchent progressivement les trois niveaux de la cascade, pour goûter au plus près la magie de cette danse aquatique.

Gubbio

Les strates du passé

Célèbre pour son *palio* de l'arbalète et la fervente Course des cierges qui animent la cité médiévale, Gubbio est de fondation très ancienne, comme en attestent les tablettes eugubines, conservées au palais des Consuls, et son imposant théâtre romain.

Dès le IIIe siècle av. J.-C., les Ombriens établirent Iguvium sur les pentes du mont Ingino. Dans un alphabet italique, 4 tables de bronze décrivent les rites pratiqués lors des cérémonies religieuses liées aux fêtes agraires. Ces rares témoignages de la civilisation préromaine ont été trouvés hors les murs, dans l'enceinte du théâtre romain qui illustre la période républicaine avec ses gros bossages de calcaire. Après avoir subi les attaques des Goths, Gubbio acquiert son indépendance au XIe siècle. Au XIIIe siècle, saint François d'Assise aurait charmé le loup qui terrifiait les habitants : la cathédrale Santi Mariano e Giacomo et les églises San Francesco (XIIIe siècle), San Giovanni et de la Vittorina (...) sont des monuments d'art et de piété. Avec sa cour Renaissance à arcades, le Palais ducal (XVe siècle) témoigne du rattachement à Urbino. À voir : la copie du studiolo de Guidobaldo Ier de Montefeltro, chef-d'œuvre de marqueterie transféré au Metropolitan Museum of Art de New York.

Au nord de Pérouse, la très gothique Gubbio superpose un site ombrien, un théâtre romain, un palais des Consuls et un Palais ducal.

Lac Trasimène

Au creux d'une conque de collines

Protégé par un parc naturel régional, le lac Trasimène s'étend dans la province de Pérouse. Sur ses rives s'établirent Étrusques ou Romains et l'on croise aujourd'hui des villages labellisés « plus beaux bourgs d'Italie », tels Castiglione del Lago et Panicale.

Avec son canal le reliant au Tibre, le lac Trasimène trace un trait d'union entre Rome et le centre de l'Italie, aux confins de l'Ombrie et de la Toscane, dans l'une des rares régions d'Italie à ne pas être baignée par la mer. En 227 av. J.-C., Tuoro sul Trasimeno fut le théâtre d'une bataille clé de la deuxième guerre punique : les troupes carthaginoises d'Hannibal y décimèrent la moitié de l'armée commandée par Flaminius. Les peupliers et les cyprès bordant les eaux de leurs longs cils verts figurent désormais des sentinelles pacifiques. Dans ce bassin tranquille, 3 îlots : les quasi désertes Minore et Palvese et le bourg de pêcheurs de Magione, avec son château des chevaliers de Malte. Les lieux de mémoire : Città della Pieve, où Étrusques puis Romains fixèrent des campements, le cap de calcaire de Castiglione del Lago qui, coiffé d'une forteresse militaire, a révélé des tombes étrusques et, s'enroulant autour de ses murs, la médiévale Panicale qui cumule des fresques du Perugino et une vue sublime.

Terre d'histoire, le paysage paisible du lac Trasimène est enchâssé dans une campagne fleurie, entourée de douces collines.

Narni

Un monde de splendeurs à découvrir

Durant l'Antiquité ombrienne et romaine, puis au Moyen Âge, Narni a joui d'une position stratégique sur la via Flaminia. Pour preuve, son patrimoine et les ruines du gigantesque pont d'Auguste (dont une seule arche subsiste), peintes par Corot en 1827.

Peu de lecteurs du *Monde de Narnia*, roman à succès de Clive Staples Lewis, savent que l'auteur de fantasy s'est inspiré du nom latin de Narni, pointé par hasard sur un atlas… Occupée dès le néolithique, la ville fondée au VIe siècle avant J.-C. s'est d'abord appelée Nequinium, avant de devenir Narnia vers 300 av. J.-C., en référence au fleuve Nar, rebaptisé depuis Nera. L'empereur Nerva, fondateur de la dynastie des Antonin, naquit ici. Gagnant son statut de commune libre avant d'être soumise au souverain pontife, la florissante cité a porté 2 personnalités influentes du XVe siècle : le condottiere Erasmo Da Narni (dit le « Gattamelata »), chef de guerre promu capitaine général de Venise, et le cardinal Berardo Eroli, qui fit bâtir un couvent et un hôpital. Reconnaissante, Narni a dédié le musée du Palais ducal à ce mécène qui commanda le retable de Ghirlandaio et *L'Annonciation* de Benozzo Gozzoli. À voir aussi : les souterrains de San Domenico, la cathédrale Saint-Juvénal et l'église Santa Maria Impensole.

Place des Prieurs, l'éclat que connaît Narni entre le XIe et le XIVe siècle se lit dans ses palais, entre Moyen Âge et Renaissance.

Orvieto

Étrusque et renaissante à la fois

Beauté sublimée par sa position au sommet d'un massif de tuf volcanique, Orvieto domine la vallée creusée par les fleuves Paglia et Chiani. Selon Tite-Live, l'antique Velzna, une des 12 grandes métropoles étrusques, se tenait là.

Située aux environs de Terni mais voisine de la province de Viterbe, dans le Latium, Orvieto est considérée comme la mythique Velzna, cité-État du monde étrusque. Alentour, la nécropole de Cannicella (VIIe siècle av. J.-C.) a livré un filon de vaisselle et une célèbre Vénus. Comme le matériel funéraire trouvé au pied des fortifications dans la nécropole du Crucifix du Tuf, communément appelée « Ville des morts » (VIIIe siècle av. J.-C.), ces trésors sont visibles au musée Faina, qui conserve aussi le fronton du temple du Belvédère, ainsi qu'au Museo Archeologico Statale di Orvieto, où l'on peut voir la reconstitution des tombes Golini (IVe siècle av. J.-C.), divinement peintes à fresque. Le spectaculaire *duomo* gothique (XIIIe siècle) abrite lui aussi un important cycle mural : dans la chapelle de San Brizio, Fra Angelico et Luca Signorelli ont réalisé un chef-d'œuvre de la Renaissance. Comble d'ingénierie, l'abyssal puits de saint Patrick, creusé d'après les plans d'Antonio da Sangallo le Jeune (XVIe siècle), mène aux souterrains.

Derrière la façade de mosaïques du dôme, la chapelle Saint-Brice où Fra Angelico a peint les voûtes, aidé de Luca Signorelli, décorateur des murs.

Parc national des monts Sybillins

Sur les terres de l'antique prophétesse

Le parc national des monts Sybillins se partage entre la région des Marches et le flanc est de l'Ombrie. Cultures et pâturages d'altitude campent un cadre de légende sur le versant arrondi et herbeux du monte Vettore, cime de cette chaîne appenine.

Dans la province de Pérouse, autour de Castelluccio di Norcia, l'oasis formée par ce petit groupe de montagnes d'Italie centrale délimite une zone de nature sauvage. Dessinés par l'érosion et ponctués de cirques glaciaires, 70 000 hectares sont protégés. Dans ce paysage intact, propice à la randonnée, la région offre des produits typiques de qualité parmi lesquels truffes noires ou blanches, saucissons, jambons et mortadelles de Norcia, fromages mais aussi épeautre et lentilles. Au printemps, les parcelles cultivées au bas des montagnes se parent des couleurs propres à chaque sorte de céréale ou de légumineuse : une mosaïque de teintes constellée de fleurs sauvages. Ce territoire magique abrite aussi une antique légende, celle de la sibylle de Cumes à qui le parc doit son nom parce que la devineresse y aurait caché son antre. Selon Virgile, c'est elle qu'Énée consulta avant de descendre aux Enfers… Au Moyen Âge, on redoutait l'endroit, repaire de sorcières et de fées.

Sous des sommets tutoyant les 2 000 mètres, le royaume de la sibylle est l'occasion d'excursions dans un paysage de rêve, avec son aura de mystères.

Pérouse

Belle et rebelle

Derrière les blocs cyclopéens de sa muraille étrusque, Pérouse, capitale de l'Ombrie, superpose vestiges antiques, monuments et quartiers des époques médiévales et Renaissance dont elle fut un brillant foyer artistique, malgré son instabilité.

Au même titre que Florence et Urbino, Pérouse fut l'épicentre de la création autour du xve siècle, la patrie des peintres Le Pérugin et Pinturicchio dont les chefs-d'œuvre – enfin ceux que l'armée de Napoléon n'a pas volés – illuminent la galerie nationale d'Ombrie installée au palais des Prieurs, sur la majestueuse place du 4-Novembre où pointe le duomo di San Lorenzo (xve siècle). L'histoire de ce grand centre culturel et estudiantin (le palais de la Vieille Université qui date du xve siècle s'élève Piazza del Sopramuro) est celle d'une insoumise. Les Étrusques bataillèrent longtemps avant d'accepter le joug romain. Après les guerres puniques, les papes s'évertuèrent à mâter les querelles opposant les Baglioni, les Oddi ou les Michelotti, famille qui baptisa l'esplanade la plus élevée. Symbole du pouvoir papal, la forteresse de la Rocca Paolina domine l'église paléochrétienne San Angelo, l'oratoire de San Bernardino et sa façade polychrome (xve siècle), l'abbaye San Pietro (x^{e}-xvie siècle)…

Place du 4-Novembre, les trois vasques de la fontaine Maggiore – deux de marbres, une de bronze – voisinent avec le palais des Prieurs.

Spello

Labyrinthe de pierre rose

En appui sur un versant du mont Subasio, entre Assise et Foligno, Spello a conservé de beaux vestiges de l'époque romaine, à découvrir en pénétrant le dédale de ruelles de cette ville secrète au caractère médiéval très prononcé.

Une portion notable de remparts et 4 entrées monumentales accueillent le visiteur. Porta Venere, un arc de triomphe romain a été intégré à l'enceinte, encadré par les tours dodécagonales de Properce. Vestige de l'antique Hispellum, l'amphithéâtre ne donne à voir que quelques ruines elliptiques d'où proviennent cependant les 3 belles statues ornant la Porta Consolare, qui comme toutes les entrées de la ville, la majestueuse Porta Urbica comprise, date d'Auguste. Semblant échapper à la course du temps, Spello a conservé son aspect moyenâgeux. La pierre teintée de rose des édifices s'accorde à merveille avec les balcons et les jardinets entretenus par les habitants. À l'occasion des cérémonies du Saint-Sacrement, l'ancestrale fête de l'Infiorata déroule même de somptueux tapis de fleurs sur les pavés. En l'église Santa Maria Maggiore, la chapelle Baglioni, du nom d'influents seigneurs de Pérouse, offre une autre vision diaprée : les fresques de Pinturicchio illustrant le Nouveau Testament en 1500.

Les ruelles médiévales de Spello convergent vers la place de la République où siège l'ancien Palais communal, devenu musée archéologique.

Spolète

Drapée dans son riche tissu urbain

Intra-muros, l'arc de Druso et les ruines de la maison de la mère de Vespasien et du théâtre romain arguent des origines antiques de Spolète. Par la suite, la cité passa de l'orbite romaine à un ducat lombard florissant avant d'intégrer le domaine papal.

Classée par l'Unesco, la basilique paléochrétienne San Salvatore (IVe-VIIIe siècle) témoigne du rôle joué par les Lombards dans le développement spirituel et culturel de l'Europe médiévale. Cet ancien duché tomba par la suite aux mains des Francs, Guy III de Spolète et son fils Lambert se prétendirent même empereurs d'Occident (IXe siècle)... La ville fut finalement incorporée aux États de l'Église (XIIIe siècle). Sur la colline Sant'Elia, la forteresse de la Rocca Albornoziana, à laquelle mène le pont aqueduc des Tours – prouesse médiévale de 220 mètres de long pour 80 mètres de haut – a été érigée sur ordre du pape Innocent VI (XIVe siècle). L'autoritaire bastion à 6 tours abrite le musée municipal et un théâtre de plein air où se jouent les concerts de musique classique du Festival des Deux Mondes. Percée de 8 rosaces, la façade romane de la cathédrale s'orne d'une mosaïque de style byzantin. Dans le chœur, on peut admirer les fresques de Fra Filippo Lippi (XVe siècle), tandis que celles de Pinturicchio parent la chapelle de l'évêque Eroli (XVe siècle).

Le cycle des épisodes de la vie de la Vierge, ultime chef-d'œuvre peint par Filippo Lipi entre septembre 1467 et sa mort à Spolète, en octobre 1469.

Cervin
Mont Blanc
Mont Rose
Lac Majeur
Courmayeur
Aoste
Lac d'Orta
VAL D'AOSTE
Grand Paradis
PN du Grand Paradis
Le Canavais
Novare
Verceil
Saint-Michel-de-la-Cluse
Turin
PIÉMONT
Sestrières
Asti
Pô
Tanaro
Racconigi
Alba
Mont Viso

Piémont et Val d'Aoste

Alba

Étape gourmande dans le vignoble des Langhe

Prétexte à une flânerie dans les collines viticoles du Piémont, Alba mérite une escale culinaire pour goûter à ses truffes, aussi blanches que son nom latin et que le cœur des pêches que l'on cultive sur ses flancs calcaires, à l'instar des crus des Langhe.

Aujourd'hui intégrée à la province de Coni, jouxtant les Alpes-Maritimes, l'antique Alba Pompeia fut une terre Ligure avant d'être, comme son nom le souffle, colonisée par le général Pompée. Patrie de Pertinax, empereur romain dont le règne fut le plus éphémère de l'histoire – de janvier à mars 193 –, Alba fut tour à tour conquise par les Bourguignons, les Lombards, les Francs, les familles Montferrat et Visconti, la maison des Gonzague et celle de Savoie grâce à Charles-Emmanuel Ier de Savoie, petit-fils de François 1er en l'honneur duquel la rue la plus animée a été baptisée. À deux pas de là on trouve le duomo de San Lorenzo (XIIe siècle), d'architecture gothique tout comme le Palazzo Comunale (XIIIe siècle) et l'église San Domenico (XIIIe-XIVe siècle), gratifiée de fresques Renaissance. Alba, Barolo, Novello, La Morra… Chaque terroir donne aux vins leur tempérament : tannique, équilibré ou fruité. Doublée d'une course d'âne séculaire, la Fiera del Tartufo est une rencontre internationale de la truffe blanche qui attire les foules en octobre.

Le paysage du Castello di Serralunga d'Alba, sur la terre des châteaux des Langhe : un paradis qui regorge de produits naturels de grande qualité.

Aste

Le rendez-vous d'automne

Dans l'aire protégée du parc naturel de Rocchetta Tanaro, qui s´étend sur les collines sableuses du vignoble de Monferrato, Aste est un bourg rural, blotti « au fond de la campagne » selon les mots de l'enfant du pays, le chansonnier Paolo Conte.

Sous la forêt de drapeaux qu'agite un millier de lanceurs et de figurants en costume médiéval, Asti s'enfièvre lors de son *palio* dont l'origine remonte à l'an 1275. Le troisième dimanche de septembre, la foule réunie en cortège défile de la place du gothique *duomo* à la triangulaire Piazza Alfieri où s'affrontent en une course folle 21 cavaliers lancés sur des chevaux montés à cru. Les habitants des bourgs qui concourent ne badinent pas avec la tradition. Au cours de ce même mois fou, Asti multiplie les hommages à la gastronomie et à l'œnologie locale en accueillant des manifestations telles que la Douja d'Or, qui récompense les meilleurs vins AOC de l'Italie autour de dégustations de spécialités piémontaises chapeautées par le pantagruélique festival delle Sagre, qui aligne toujours 80 plats sucrés ou salés à sa carte. Ces ripailles très conviviales ont pour cadre une ville au charme rustique collectionnant alentour palais nobiliaires, tours et églises champêtres.

Les meilleurs vins du Piémont, le barbera et le pétillant asti spumante, exportés dans le monde entier, sont produits autour d'Aste dans le Monferrat.

Le Canavais

Contrée châtelaine

Au nord du Piémont et de sa capitale, le pays du Canavese regorge de lacs et de demeures historiques illustrant, à toutes les époques et dans un cadre paisible, son passé féodal marqué par Ardouin, marquis d'Ivrea et premier roi d'Italie en 1002.

À l'orée du Val d'Aoste, entre Agliè et Rivarolo, une quinzaine de châteaux constelle la campagne, dont le château ducal d'Aglié, admirable palais baroque (XVIIe siècle) classé par l'Unesco et relié au village par un parc à l'anglaise. Avant d'entrer au patrimoine de la maison de Savoie, il fut la demeure du comte et fin lettré Filippo d'Aglié, qui transforma l'ancienne forteresse en une opulente résidence. À Caravino, le très aristocratique comte Valperga fit bâtir le château de Masino (XVIIe siècle). Sa salle des armoiries est décorée des écussons et symboles héraldiques des grandes familles du Piémont et de Savoie, tandis que celle du billard est couverte de fresques illustrant les Vertus. Au palais des Carosses attenant, des voitures à chevaux sont exposées. Œuvre plus défensive, le château des Trois Tours d'Ivrea (XIVe siècle) – ville bordée par 5 lacs, San Michele, Sirio, Pistono, Nero et Borgofranco – voisine avec le Castelfiorito de briques rouges de Candia Canavese, avec sa tour gibeline…

Icône du Canavese, le château ducal d'Agliè comprend 300 pièces dont une immense salle de bal, une galerie de tableaux et un théâtre néoclassique.

Résidences de Savoie

La Couronne des délices, royale empreinte

En décidant de quitter Chambéry pour Turin, capitale du duché en 1562, Emmanuel-Philibert de Savoie a lancé un vaste programme architectural destiné à symboliser la primauté de la maison royale au travers de palais et de villas « sardanapalesques ».

Crée par d'éminents artistes, cet ensemble de bâtiments baroques rayonne depuis le centre décisionnaire de Turin jusqu'aux résidences d'agrément dispersées dans la campagne environnante, villas d'été et pavillons destinés au plaisir de la chasse. La découverte de ces possessions d'exception disposées selon un plan radiocentrique est l'occasion d'une traversée culturelle dans le Piémont. Ils peuvent être urbains, comme le centre du commandement princier du Palazzo Reale ou les palais Madame et Carignano, qui sont en tête d'une longue liste inscrite au Patrimoine mondial par l'Unesco. Des boulevards rectilignes les quittent pour mener au château de Valentino sur les berges du Pô, au Borgo Castello du parc La Mandria, à la divine Reggia di Venaria, puis aux châteaux de Moncalieri, Rivoli et Agliè et au pavillon de chasse de Stupinigi. Cette litanie de splendeur se poursuit ensuite dans la province de Cuneo où resplendissent les châteaux de Racconigi, Pollenzo et Govone ainsi que la résidence de Valcasotto.

La grande galerie du palais royal de Venaria, joyau de la « Couronne des délices », circuit de résidences royales relié à Turin, ville-capitale.

Saint-Michel-de-la-Cluse

Entre terre et ciel

Épousant le relief du mont Pirchiriano, l'impressionnante Sacra di San Michele domine la vallée de Suse, à une courte distance de la capitale piémontaise. Umberto Eco s'est inspiré de cette abbaye bénédictine romane pour écrire *Le Nom de la rose*.

Les escarpements du site impressionnent. Pour atteindre la porte sculptée du Zodiaque (XIIe siècle) marquant l'entrée dans ce sanctuaire perché à 962 mètres au-dessus d'une mer de feuillages, il faut gravir les 243 marches que compte le chemin ascensionnel que d'aucuns nomment encore *le chemin des morts*. Faisant corps avec la roche, la Sacra di San Michele est formée d'un savant étagement de constructions, maintenues par de solides contreforts et une base massive. Cherchant à expier ses fautes, Hugues de Montboissier, un Auvergnat venu en terre romaine demander une audience papale et retenu par un mystérieux « signe divin », a fondé cette très importante abbaye bénédictine au Xe siècle. Deux siècles après, une centaine de religieux y résidait et, preuve de sa puissance, La Sacra dédiée à l'archange régnait sur pas moins de 140 monastères alentour. Depuis 1836, ce sont les pères rosminiens qui gèrent la vie spirituelle du lieu et offrent l'hospitalité d'une cellule monacale aux fidèles.

Montagne sacrée sur un océan de verdure, la structure du sanctuaire de Saint-Michel-de-la-Cluse s'inspire de celle de l'abbaye du Mont-Saint-Michel.

Sestrière

Domaine olympique

Station de ski de référence du Piémont, Sestrière appartient au domaine skiable franco-italien de la Voie-Lactée, à cheval sur le département des Hautes-Alpes. Un complexe complet, installé sur le col qui sépare les vallées de Chisone et de Suse.

Comme Sauze d'Oulx, Cesana, Sansicario, Claviere et Bardonecchia Ski, Sestrière s'est offert une belle visibilité médiatique lors des Jeux olympiques d'Hiver de Turin, en 2006. Elle doit aussi sa solide réputation à ses pistes totalisant 400 kilomètres, régulièrement utilisées pour la Coupe du monde de ski alpin. À la fin des années 1980, Alberto Tomba a inscrit ici quelques-unes de ses plus belles performances en slalom. Culminant à 2035 mètres d'altitude, la commune a été fondée en 1934 sur ordre de Mussolini et son architecture reflète cet esprit rationaliste et totalitaire, avec les emblématiques tours-hôtels d'une austérité assez semblable au quartier de l'EUR, à Rome. Les promoteurs de ce vaste projet d'aménagement à quelques encablures de la frontière française sont les membres de la famille Agnelli, industriels turinois propriétaires des firmes automobiles Fiat et Ferrari et du Juventus Football Club. free ride, snowboard, patinage, raquette… tous les sports et les distractions d'hiver sont ici rois.

Première station de sports d'hiver moderne d'Italie, Sestrière est au cœur du domaine alpin de la Voie-Lactée, vallée blanche adulée des skieurs.

Verceil

Les rizières de la plaine du Pô

Entre Milan et Turin, dans la zone nord-orientale du Piémont, les parcelles inondées de la région de Vercelli, grande productrice de riz, donnent à ce coin d'Italie un air d'Extrême-Orient : un paysage submergé d'une étonnante suggestivité.

Entourée par le majestueux décor des Alpes, la « province européenne du riz » de Verceil, charmante bourgade sur la rivière Sesia, dessine comme un échiquier de miroirs d'eau, bordés çà et là de peupliers et de robustes fermes-habitations. Certaines exploitations ont été fondées par des ordres monastiques et marquent le paysage des terres plates de la plaine du Pô depuis le XVe siècle, date de l'introduction de la culture du riz. Dans ces vastes étendues inondées, les traditions agricoles offrent un spectacle unique. Le circuit mène à Arborio, localité dont le riz du même nom est synonyme de qualité. Il est idéal pour cuisiner le fameux risotto, emblème de la gastronomie de l'Italie du Nord. Nantie au Moyen Âge, Verceil mérite une visite pour sa basilique romane Sant'Andrea, avec son pignon triangulaire typique (XIIIe siècle), pour les fresques de l'église San Cristoforo (XVIe siècle) et pour le recueil de Verceil, manuscrit anglais (Xe siècle) visible à la bibliothèque du Duomo.

Sous la barrière alpine, le spectacle miroitant des rizières de Vercelli, plaines géométriques semées d'anciennes fermes souvent isolées.

Château royal de Racconigi

Quatre siècles à la Cour

Dans l'ancien marquisat de Saluces, un bastion militaire s'est mué en une résidence royale d'été. Depuis le XVIe siècle, le Castello di Racconigi présente un panorama des goûts à la cour de Savoie.

Dans sa forme originelle, celle d'une *casa forte*, le Castello di Racconigi s'inscrit dans le paysage piémontais depuis le Xe siècle. Cette forteresse appartenait au marquisat de Saluces, qui veillait sur l'un des passages transalpins géostratégiques menant vers le Dauphiné et la Provence. Après bien des luttes, c'est le duc de Savoie qui domine définitivement son rival à la fin XVIe. La structure primitive à tours d'angle commence alors à être transformée. Le château devient résidence de la famille de Savoie et André Le Nôtre dessine des parterres que le jardinier français Molard réalise en 1755. Au mitan du XIXe siècle, Ernesto Melano, architecte de la cour et chef de file du style troubadour en Italie, restaure l'ensemble et réalise dans le parc le complexe néogothique de la Margaria. Au second étage, le cabinet de curiosités cède à l'étruscomanie : ses voûtes copient les fresques de la tombe du Baron et de la tombe des Cavaliers, mises au jour en 1827 dans la nécropole de Monterozzi.

Derrière le vaste pronaos d'accès, la loge des Musiciens, la salle de Diane ou les cabinets chinois et étrusques distinguent le Castello di Racconigi.

Turin

L'ancienne capitale italienne

Parcourue de tramways orange, Torino déborde de vie. Ses places immenses, à l'instar de la place Vittorio Veneto, sont des lieux de brassage culturel, des sas entre quartiers et palais passant d'une époque à l'autre, avec la prédominance du baroque.

Le cœur historique de la ville bat Piazza Castello. San Carlo et Santa Cristina, églises faussement jumelles (XVIIe-XIXe siècle), escortent la via Roma, artère pénétrant jusqu'au palais royal de la maison de Savoie (XVIIe siècle), dont l'escalier des Ciseaux amalgame des décors baroque et rococo aux accents néoclassiques. Prenant le chemin du *duomo* Renaissance (XVe siècle) qui, derrière ses portails finement ouvragés, cache la chapelle Guarini où le célèbre Saint-Suaire est conservé, le palais de l'Académie de Sciences (XVIIe siècle) précède la façade curviligne du palais Carignan. Après avoir abrité les séances de l'assemblée de Turin puis du Parlement italien (1848-1865), il accueille désormais le musée du Risorgimento dédié à l'unification politique du pays. À côté, le palais Madama, édifice baroque greffé sur un castel médiéval (XVe siècle), s'élève sur les ruines de la Porta Pretoria, vestige romain comme la Porta Palatina marquant l'accès au « quadrilatère romain » où se concentrent boutiques et tables à la mode.

Sous les briques rouges de la Porta Palatina – autrement nommée Porta Palazzo – se tient un immense marché en plein air, aux étals exotiques.

Turin

Berceau du cinéma et de l'automobile

À Turin, on ne badine pas avec le septième art. La Mole Antonelliana, symbole de Turin, abrite le plus haut musée du monde, il est dédié au cinéma, industrie avec laquelle la ville entretient des liens étroits, comme avec l'automobile.

Le Lyon des frères Lumière n'est qu'à 300 kilomètres. Cette proximité avec le cinéma des origines a entraîné en 1896, un an après la première projection publique française, un tournage via Po, bientôt suivi d'une représentation, la diffusion des films débutant vers 1910 dans la capitale piémontaise, pionnière en Italie. En 2000, les collections du musée national du Cinéma, créé en 1941 et installé en 1956 au Palazzo Chiablese, ont été réparties sur 5 étages de la tour d'Antonelli. Depuis l'ascenseur vitré menant à son *Tempietto* culminant à 167 mètres, la vue porte loin. Une section conte la genèse du cinéma, lanternes magiques et diverses reliques de tournages à l'appui, tandis que l'autre, plus technique, révèle quelques secrets de fabrication. L'histoire de Turin est aussi liée à celle de l'automobile que le musée Carlo Biscaretti di Ruffia expose. Une piste d'essai sur son toit, l'ancienne usine FIAT du Lingotto, s'est muée en centre commercial signé Renzo Piano.

Selon les plans d'origine de l'architecte Alessandro Antonelli, la Mole Antonelliana, symbole de Turin, devait être une synagogue.

Turin

Superga, basilique matriochka

Vœu pieux formulé par les princes de Savoie lors du siège de Turin, la basilique baroque de Superga est une sorte de poupée russe princière abritant aussi bien les tombeaux de la famille de Savoie que leurs appartements ou un insolite musée sportif !

En 1706, alors que les troupes de Louis XIV assiègent la ville, les princes Victor Amedée II et Eugène de Savoie prennent de la hauteur sur la colline de Superga, projetant la riposte. Avant de livrer l'ultime bataille, ils s'en remettent à la Vierge Marie, promettant de lui bâtir une basilique en cas de victoire sur l'armée française. Onze en plus tard, honorant leur serment, les travaux sont confiés à l'architecte Filippo, qui conçoit un plan circulaire coiffé d'un dôme. Ce chantier d'envergure s'achève en 1731. Derrière sa façade à pilastres, ce lieu de culte baroque cache un panthéon : 70 rois de Sardaigne et de Savoie reposent dans la crypte. Aux sépultures s'ajoutent les appartements royaux du premier étage, aménagés dans des pièces de la basilique elle-même, comme le salon du roi. En mai 1949, tragédie : l'avion transportant les joueurs de la populaire équipe de foot turinoise s'écrase sur la colline de la Superga. Le musée du Grand-Turin commémore leurs immortels exploits.

Aujourd'hui, un funiculaire permet d'accéder à ce belvédère stratégique, d'où la vue embrasse un panorama somptueux.

Parc national du Grand-Paradis

Au bonheur des bouquetins

Sept mille hectares parcourus de sentiers, six vallées sculptées par les torrents, des prairies alpines, des lacs glaciaires, de pittoresques villages… le Gran Paradiso a les sommets pour toile de fond.

Le parc national du Grand-Paradis et celui de la Vanoise ont une destinée commune. Tous deux sont nés pour préserver une espèce alors en voie d'extinction : le bouquetin. Côté italien, le territoire protégé du Gran Paradiso s'avère le plus ancien de la péninsule : il a été fondé en 1922 sur les bases d'une réserve royale créée 66 ans plus tôt par Victor-Emmanuel II. Considérés comme les plus grands espaces naturels d'Europe, ces parcs jumeaux partagent une frontière longue de 14 kilomètres. Randonnée, alpinisme, escalade, raids à ski… les reliefs de cette réserve animalière se prêtent à toutes les évasions montagnardes. Entre Piémont et val d'Aoste, Gran Paradiso, Tresenta, Ciarforon, mont Emilius, Becca Traversière… sont les sommets les plus prisés de ce grand paradis bicolore, blanc en hiver et vert au printemps. Classé dans la catégorie des 4000, en référence à son altitude, la « grande paroi » du Gran Paradiso est une première ascension idéale pour les alpinistes débutants.

Le territoire abrupte et minéral du val de Cogne, vallée latérale à celle d'Aoste, s'étend sur une partie du parc national du Gran Paradiso.

Courmayeur

Sur la chaîne du toit de l'Europe

Postée côté Italien, au pied du mont Blanc, cette commune du val d'Aoste pourrait bien être la plus haute du pays et même la plus haute d'Europe occidentale. Jumelée avec Chamonix, sa voisine française, Courmayeur doit sa renommée à l'eau, à l'alpinisme et au ski.

Ce ne sont pas les sports d'hiver mais le tourisme thermal qui a lancé la station, au XVIIe siècle. Les 4 sources d'eau sulfureuse de la ville ont attiré quelques têtes couronnées, à commencer par les rois d'Italie qui venaient s'y ressourcer. Ensuite, la destinée de Courmayeur s'est jouée sur les parois des sommets environnants, à coups de piolet. La conquête du mont Blanc au XVIIIe siècle marque les débuts de l'alpinisme, avec la fondation dès le siècle suivant de la Compagnie des guides de Courmayeur-Mont-Blanc. Le siège de ces pionniers de l'accompagnement en montagne abrite aujourd'hui le musée du Duc des Abruzzes, consacré à leur épopée. Comme dans toute la région valdôtaine, le ski s'est développé à l'orée du XXe siècle et 18 remontées relient désormais les 2 versants, Chécrouit et le val Veny, pour le bonheur des amateurs de glisses en tout genre. Jamais damée et d'une exceptionnelle déclivité, la piste noire *del'Orso* est un must réservé aux sportifs les plus aguerris.

Depuis le versant italien du val Ferret, quadrillé de routes d'accès, une vue plongeante sur la triangulaire Courmayeur, en habits d'été.

Aoste

L'ancien castrum romain

À mi-chemin entre Courmayeur et Pont-Saint-Martin, la ville d'Aoste – comme le val qui la loge et qui désigne l'ensemble de la région – se tient au creux d'une couronne alpine dont les épines se nomment mont Blanc, Cervin, mont Rose et Grand-Paradis.

Entre la vallée de la Doire Baltée et celle du Buthier, la cité a été fondée par les Salasses, peuple gaulois d'origine celtique. Leur Cordelia fut ensuite rebaptisée Augusta Prætoria Salassorum par les Romains. Le plan en échiquier de la cité garde en mémoire le passage des colonies militaires dans cette passe stratégique, en amont de la précieuse plaine du Pô. Une portion d'enceinte, la Porte prétorienne, l'arc d'Auguste et diverses ruines – théâtre, amphithéâtre, cryptoportique du forum ou pont romains – sont inscrits dans le tissu urbain, au même titre que la collégiale Saint-Ours (xe siècle) et la cathédrale édifiée par l'évêque Anselme, saint natif d'Aoste (xe siècle). En direction de la piémontaise Ivrea, les places fortes se succèdent. D'abord le Castello di Fenis (xive siècle), puis les châteaux de Montjovet, de Verrès (xive siècle), d'Issogne (xve siècle) et la forteresse de Bard, verrouillant la haute vallée de la Doire Baltée. À l'intérieur, le musée des Alpes est une clef pour comprendre l'histoire locale.

Les murailles crénelées du château médiéval de Fénis, avec son donjon pentagonal et ses fresques montrant saint Georges terrassant le dragon.

Archipel des Tremiti
Péninsule du Gargano
Forêt Umbra
Monte Sant'Angelo
Foggia
Barletta
Ofento
Giovinazzo
Bari
Castel del Monte
Monopoli
Castellana Grotte
Alberobello
Lac Basentello
Ostuni
POUILLES
Tarente
Lecce
Otrante
Gallipoli
Golfe de Tarente

Pouilles

Alberobello

Au pays des trulli

Petites maisons de pierre sèche au toit étrangement conique, les *trulli* d'Alberobello, pittoresque centre agricole et touristique, ont été déclarés trésors de l'humanité par l'Unesco. Un ensemble architectural profane unique au monde, au cœur des vergers…

Dans les ruelles des quartiers Monti et Aia Piccola, 1 500 de ces constructions sans mortier donnent au village un air fabuleux… Pyramidaux, en dôme ou coniques, les toits de ces édifices de dimension modeste ont un point commun : ils sont faits de galets de pierre à chaux glanés dans les champs voisins… Contrairement à ceux qui émaillent, ça et là, par grappe de 3 ou 4, la campagne des Pouilles, les *trulli* d'Alberobello forment une singulière concentration. Du côté de Fasano, Ostuni et Martina Franca, comme dans tout le val d'Itria, cette technique héritée de la préhistoire présentait un avantage pour les paysans qui, au XVIe siècle, travaillaient les terres du fief de la famille Acquaviva : le bâtiment était facilement démontable en cas d'inspection royale… Ferdinand Ier d'Aragon avait en effet lourdement taxé l'édification d'habitations stables et il s'agissait de tromper les inspecteurs des impôts envoyés par le roi de Naples grâce à ces astucieuses « maisons en kit »…

Pains de sucre aux murs blanchis à la chaux et coiffés de pierres grises, les résultent de la tradition séculaire des bâtisseurs locaux.

Archipel des Tremiti

Les îles de Diomède

L'archipel des Tremiti comprend trois îles – San Domino, San Nicola, Capraia – et les îlots Cretaccio, préservés de la pollution dans le parc national du Gargano dont le promontoire se situe au nord, à environ 12 milles nautiques.

Paradis de la plongée, cette réserve naturelle marine est réputée pour ses eaux cristallines et ses grottes sous-marines comme la grotte delle Viole, celle du Bue Marino et celle des Rondinelle. Ses côtes sauvages sont découpées par des rochers pyramidaux ou zoomorphes tel le Scoglio dell'Elefante. La légende veut que la triade insulaire soit née après que Diomède, compagnon d'Ulysse, a rapporté de Troie 3 énormes rochers. Jetés à la mer au retour du valeureux héros grec, ils seraient réapparus pour former San Nicola, San Domino et Capraia. Centre historique et religieux, l'île de San Nicola est la plus peuplée. Sur ce joyau de 42 hectares, l'abbaye fortifiée de Santa Maria a Mare (XIe siècle) s'est dressée contre les attaques corsaires. Autre perle habitée de l'Adriatique, San Domino. Ses 207 hectares couverts de pin d'Alep se vouent au tourisme et elle est pourvue de l'unique plage des Tremiti : Cala Delle Arene. Solitaires, Capraia et les rochers du Cretaccio s'égrènent en mer.

Vue de l'abbaye fortifiée de San Nicola, imprenable bastion qui aurait même résisté aux incursions de la flotte de Soliman le Magnifique.

Bari

Une ville à la mer

Jouant sur l'homonymie, les Italiens décrivent volontiers Bari comme « un petit Paris en bord de mer » flanqué de plages. Il est vrai que, près du port, le centre historique de la capitale apulienne, abrité par ses remparts, est agréable à parcourir.

Grande ville marchande d'Italie méridionale, Bari fut d'abord un port romain avant d'être une ville byzantine puis normande après sa conquête par Robert Guiscard (XIe siècle). La forteresse du château normand fut érigée à des fins défensives (XIIe siècle), précédant la construction du fort de Saint-Antoine-Abbé (XIVe-XVIe siècle). Durant les croisades, hommes et marchandises y embarquaient et y débarquaient… Tourné depuis vers l'Orient, la ville accueille en septembre une Foire du Levant qui entretient des liens commerciaux avec tous les pays en Méditerranée. Allègre et chaleureuse, la vieille ville est chargée d'histoire et de coutumes. La basilique Saint-Nicolas (XIIe siècle) abrite la tombe du saint protecteur des enfants né en Asie Mineure et popularisé sous les traits du Père Noël, ses reliques ayant été volées par des marins dans la ville de Myre dont il était l'évêque. Comme la cathédrale Saint-Sabin (XIe siècle), imbriquée dans le dédale sinueux du Bari Vecchia, sa façade épurée illustre le style roman des Pouilles.

Dans les blanches ruelles du quartier du Borgo Antico, on peut voir sécher au soleil du linge et des , des pâtes à la forme typique.

Castel del Monte

L'éclectique cour de la Stupeur du Monde

Sur la commune d'Andria, l'octogonal Castel del Monte domine une vaste partie des Hautes Murge. Inscrit au Patrimoine mondial par l'Unesco, le château de Frédéric II combine harmonieusement Antiquité classique, art musulman et gothique cistercien.

Élevant ses formes parfaites à 540 mètres d'altitude à l'ouest de Bari, cet exceptionnel témoignage de l'architecture militaire du XIIIe siècle a été construit par Frédéric II de Hohenstaufen, empereur du Saint-Empire, à la manière d'un château du désert omeyyade ou d'un monastère fortifié du Proche-Orient. Pourtant, sa position n'était pas stratégique… Si beaucoup d'ornements mêlant styles bourguignon, champenois ou orientaux ont disparu, victimes des pillages et de son abandon à partir de la fin de la Renaissance, le symbolisme de ce château fort curieusement dépourvu de douves intrigue les chercheurs. L'astrologie pourrait avoir guidé sa construction afin que le soleil irrigue son cœur de calcaire incrusté de quartz brillant durant les solstices d'hiver et d'été. L'utilisation du nombre d'or a même été démontrée, comme pour les cathédrales du nord de l'Europe. Temple, lieu de savoir ou palais réussissant la synthèse de différentes cultures, le Castel del Monte conserve sa part de mystère.

La cour de Frédéric II, homme cultivé, polyglotte, féru de mathématiques, d'astronomie et de sciences naturelles, accueillait savants et artistes.

Gallipoli

La « belle cité » de Kale Polis

Petite ville de la côte ionienne, Gallipoli vit aujourd'hui de la pêche et du tourisme. Aux XVIe et XVIIe siècles, l'exportation d'huile d'olive destinée à alimenter les lampes a généré une intense activité portuaire et une tocade baroque.

Ne pas confondre cette paisible bourgade qui se mue en station balnéaire courue chaque été avec son homonyme de la péninsule turque, théâtre de la bataille des Dardanelles durant la Seconde Guerre mondiale. Charmant port de pêche du Salento, Kale Polis est telle que les Grecs l'ont nommée : une « belle cité ». Gardée par une robuste forteresse angevine (XIIIe siècle) aux tours ventrues et par un cordon de remparts, la partie ancienne de Gallipoli se groupe sur un îlot de calcaire qu'un pont relie au *borgo* moderne. Là se tient la monumentale fontaine hellénistique (XVIIe siècle), qui n'a de grec que les thèmes de ses bas-reliefs. Dans les ruelles de la vieille ville, l'atmosphère est surannée. Modestes maisons de pêcheur blanchies à la chaux et palais du XVIIIe siècle alternent avec de petites églises pittoresques pavées de majoliques, comme celle de la Purità. Au registre supérieur de la cathédrale Sant'Agata, dominant la cité, le baroque imprime ses volutes sur une pierre locale rubescente, le *carparo*.

© anna pozzi Fot...

Simplicité d'une terrasse dressée à l'aplomb de la plage de la Purità, au pied des murs de la vieille ville de Gallipoli, perle du golfe de Tarente.

Giovinazzo

Sur le circuit des cathédrales marines

Sur le pourtour de la côte nord de Bari, à l'extrême sud-est de la botte italienne, Giovinazzo est le point d'ancrage idéal pour baguenauder entre le Gargano et le Salento. Son petit bourg portuaire, truculent havre de pêche, est son noyau ancien.

À la proue d'une mini presqu'île saillant sur l'Adriatique, Giovinazzo est l'archétype du village côtier apulien coiffé d'une cathédrale romane. Amarrée au littoral qui remonte de Bari jusqu'au golfe de Manfredonia, une suite de cités fortifiées suit ce schéma architectural, comme Molfetta ou encore Bisceglie, Trani et Barleta, véritables trésors d'art roman. À proximité du tracé de l'antique via Traiana, route doublant l'ancienne via Appia voulue par Trajan (Ier siècle), en l'honneur de qui subsiste encore ici un arc, Giovinazzo compte parmi les premières localités des Pouilles à s'être convertie au christianisme. Dédiée à Santa Maria Assunta, la cathédrale de Giovinazzo date des XIIe-XIIIe siècles mais, comme le montre sa rosace, l'édifice a été remanié au XIXe siècle et seul le tympan de son flanc gauche semble d'époque… Autour, les nobiliaires palais Lupis (XIIIe siècle) et Malatesta (XIVe-XIXe siècle), tout comme le Palais épiscopal (XVe siècle) et le Palais ducal (XVIIe siècle), participent de la beauté architectonique de l'ensemble.

© Mi.Ti. - Fotolia.com

Solide vaisseau de marbre blanc posé au-dessus des flots du port, la cathédrale de Giovinazzo a bien résisté aux incursions sarrasines.

Castellana-Grotte

Abysses fantastiques

Trésor d'Apulie enfoui au plus profond des entrailles calcaires des Murge, la grotte de Castellana propose un parcours souterrain qui enchante les scientifiques et le grand public. Le dantesque décor de ses 12 cavités est une merveille de la nature.

Découvertes à la fin des années 1930 par le spéléologue Franco Anelli, la grotte de Castellana forment un extraordinaire ensemble de cavités naturelles, au sud-est de Bari. À des dizaines de mètres sous terre, les galeries empruntent le chemin d'une ancienne rivière souterraine. Stalagmites, stalactites et concrétions d'albâtre composent un paysage karstique d'une ampleur phénoménale. Dans ce réseau ponctué de petits lacs ténébreux, la roche se pare de couleurs magnifiées sous l'effet d'une patine brillante. Sur 3 kilomètres de long, une succession de mondes féeriques… Dans un contraste chromatique puissant, la Grotta Nera rivalise de beauté avec la Grotta Bianca qui, constellée de cristaux de calcite luisants, est l'une des plus resplendissantes anfractuosités au monde. Partout, des caractéristiques géologiques uniques : piliers d'Hercule, corridor des Anges, salles des Monuments, de la Chouette ou de la Nativité, Petit Paradis, « Cathédrale de Milan », dôme de la Canopée…

Au Crétacé supérieur, les effets physiques et chimiques de l'eau circulant sous la terre ont créé des cavités ornées de concrétions calcaires.

Lecce

La « Florence baroque » des Pouilles

Au cœur de la péninsule du Salento, Lecce est un fleuron de l'architecture baroque, une cité de pierre ambrée dont le décor exubérant témoigne de la véritable folie ornementale qui s'est emparée de la ville durant trois siècles.

Après la bataille navale de Lépante, qui écarte en 1571 la menace ottomane, la ville couronnée par le château de Charles Quint se mue en laboratoire stylistique. Sous l'impulsion de princes et de prélats, la maîtrise et l'audace des architectes engendrent le « baroque de Lecce ». Du XVIe au XVIIIe siècle, une kyrielle d'angelots et de créatures divines prend possession des façades. Bâtiments civils ou sacrés, ces prouesses sculptées dans une pierre locale à l'exceptionnelle tendreté sont la marque d'une intense dévotion et d'une ostentatoire prospérité, à découvrir via Giuseppe Libertini et via Giuseppe Palmieri. Piazza del Duomo, les éclairages nocturnes soulignent la magnificence des volumes que la lumière écrasante du jour à parfois tendance à estomper : le dôme et le campanile conçus par Giuseppe Zimbalo, virtuose du maniérisme, le Palais épiscopal (XVIIe siècle) et celui du Séminaire (XVIIIe siècle) forment un ensemble inventif. Autre prodige d'exubérance, la façade ciselée de la basilique Santa Croce.

© syndr0m3 - Fotolia.com

Chef-d'œuvre du baroque, Santa Croce n'est qu'à deux pas du bel amphithéâtre de 25000 spectateurs construit au IIe siècle par les Romains.

Monopoli

Bien plus qu'une cité au nom ludique

Sur l'Adriatique, entre Brindisi et Bari, le port de pêche de Monopoli présente de beaux restes de sa fortune passée : l'église Santa Maria l'amalfitaine (XIIe siècle), l'hôpital de l'Ordre de Malte (XIVe siècle), le palais Palmieri (XVIIe siècle), le dôme baroque…

À 10 kilomètres des falaises de Polignano a Mare, Monopoli aimante les estivants avec le sable blanc du lido Santo Stefano, près de l'abbaye bénédictine éponyme (XIe siècle). Autrefois, cette « ville unique » (du grec *monos polis*) vivait sous la tutelle du port fluvial voisin : Egnazia. Lorsque les razzias menées par Totila, roi des Goths, le détruisirent, les habitants se replièrent dans leur port satellite, qui changea de fait de statut. De secondaire, il devint unique et gagna ainsi son nom. Par la suite, Normands, Byzantins et Suèves se succédèrent jusqu'à l'arrivée, en 1484, des Vénitiens qui la transformèrent en un comptoir de marchandises, valorisant les produits issus de l'arrière-pays, très appréciés à l'étranger : huile, amandes, caroube, vin… L'architecture élégante du port porte le sceau de la Sérénissime. Au XVIe siècle, Monopoli passa sous la férule espagnole et Charles Quint développa le château d'Henri IV. Puis vinrent les Autrichiens et les Bourbons de Naples, au XVIIIe siècle.

Dans le port de Monopoli, l'architecture des palais témoigne de l'occupation vénitienne au XVe siècle, période florissante pour le commerce.

Monte Sant'Angelo

Le rocher de l'archange

Point culminant du Gargano, Monte Sant'Angelo se situe à la lisière de la forêt Umbra, offrant une vue sublime sur la plaine du Tavoliere et le golfe de Manfredonia. Une ville chargée de spiritualité, construite autour du sanctuaire de saint Michel.

Dans sa nouvelle intitulée *Monte Sant'Angelo*, Arthur Miller fait dire à l'un de ses personnages en voyage dans les Pouilles qu'ainsi bâtie sur le sommet d'une modeste montagne, la ville *« ressemble à une petite vieille qui vit sur son toit-terrasse par crainte des voleurs »*. Imagée, la formule décrit parfaitement la situation de cet assemblage de maisons blanches, accolées les unes aux autres à la manière d'un jeu de domino. Créée au XIe siècle, la ville fait corps autour du sanctuaire dédié à saint Michel. Au Ve siècle, la légende conte que l'archange serait apparu dans une grotte, son épée flamboyante à la main, à l'évêque Lorenzo Maiorano, lui intimant l'ordre de construire ici un lieu de culte chrétien. Deux autres apparitions confirmèrent bientôt ce lieu de dévotion et de pèlerinage qui, point d'aboutissement de la via Sacra Langobardorum reliant le Mont-Saint-Michel au Monte Sant'Angelo, vit passer une cohorte de fidèles, de papes, de saints, de rois et même d'empereurs.

Autres lieux à voir à Monte Sant' Angelo : le château angevin, les restes de l'église Saint-Pierre et le tombeau de Rotharis.

Ostuni

La città bianca

Jouissant d'un paysage et d'une architecture unique, la candide Ostuni est une perle émaillée de témoignages historiques et architecturaux. Ils sont à découvrir en sillonnant la ville dont la cathédrale gothique dotée d'une divine rosace est le symbole (XVe siècle).

Avec ses murs blanchis, la ville d'Ostuni rayonne, campée sur les flancs de 3 collines rousses. Autour de cette bourgade agricole devenue fer de lance de l'agritourisme apulien, d'anciennes fermes fortifiées – les *masseria* – cultivent encore vignes et oliviers centenaires. Issue de cette terre sans eau mais regardant la mer Adriatique, une délicieuse huile d'olive vierge extra est d'ailleurs produite. Restaurés, comme la masseria Il Trappeto, de beaux moulins à huile (XVIIe siècle) se visitent alentour. Le terroir local permet aussi de déguster vins et amandes. Nombreux sont les touristes à arpenter ses minces ruelles immaculées qui grimpent, suivant le réseau d'escaliers grâce auquel on accède aux différents étagements. Souvenir de l'époque de la grande peste où son application servait à limiter la contagion, l'usage de la chaux apporte de la lumière à ce dédale de maisons aux toits-terrasses. L'artisanat a ici sa vitrine et les échoppes proposent de jolis sifflets en terre cuite.

Labyrinthe de ruelles ascensionnelles baignées de lumière et peintes à la chaux, la blanche Ostuni ne manque pas de charme.

Otrante

Son port fut un pont entre Orient et Occident

Juchée sur une falaise et cernée de remparts, Otrante a dû faire face à de multiples conquérants attirés par ce port aux portes du Levant, son cap constituant le point le plus oriental de la péninsule. Une mer cristalline mais une histoire trouble.

Ville touristique profitant aujourd'hui pleinement de sa position sur la côte adriatique, Otrante n'a pas toujours béni cette situation. Hommes du Néolithique, Messapiens de l'âge du fer, Grecs, Romains, Byzantins, Normands, Angevins et Aragonais se sont disputé ce bout de terre aux confins des Pouilles. Les monuments portent les stigmates de ces occupations consécutives, à commencer par le Castello Aragonese et la cathédrale construite au XIe siècle sur les ruines d'une maison romaine et d'un temple chrétien. Outre la mosaïque de son pavement (XIIe siècle), chef-d'œuvre du moine Pantaleone qui, sur 54 mètres de long et 28 mètres de large, utilisa un demi million de tesselles pour illustrer les légendes des saints catholiques, elle renferme les ossements des martyrs d'Otrante. Exposés dans des reliquaires en arrière du maître-autel, ces crânes sont ceux des habitants qui, refusant de renier leur foi chrétienne, furent massacrés en 1480 par la flotte turque qui assiégeait la ville.

À l'extrémité du Salento, Otrante est la ville d'Italie la plus proche de l'Albanie, séparée de la ville de Vlora par un canal large de 70 kilomètres.

Péninsule du Gargano

L'éperon de l'Italie

S'avançant en mer Adriatique, le promontoire du Gargano est un massif montagneux protégé par un parc national. Des hautes terres aux falaises plongeant à pic, ce territoire naturel est synonyme de vacances au naturel, gorgées de soleil.

Du port de Peschici au bastion de Manfredonia en passant par Vieste, principale ville côtière du Gargano, une belle route en corniche offre d'alléchants points de vue sur les plages de sable fin. La plupart sont hélas réservées aux clients des complexes hôteliers… Entre Mattinata et Vieste, les falaises découpées de la baie des Zagare précèdent l'écueil de Pizzomunno et l'Architiello, portique marin dû à l'érosion. Dans le calcaire, l'eau a sculpté de nombreuses grottes telle la Campana Grande. L'intérieur des terres offre d'autres attraits : le maquis méditerranéen et l'ancestrale forêt Umbra qui couvre 15 % du promontoire, alors que les hêtres, les pinèdes de pins d'Alep, les chênes et la forêt mixte l'envahissaient originellement. Dans l'enveloppe luxuriante du parc national du Gargano, 17 espèces d'orchidées font le bonheur des botanistes. Cette zone âpre a inspiré nombre de légendes, sacrées ou non, en témoigne Monte Sant'Angelo. Au large, les îles Tremiti pavoisent…

Les phénomènes d'érosion marine ont sculpté des arches grandioses dans le calcaire des falaises de la côte sud du Gargano, près de la baie des Zagare.

Tarente

Ilot urbain entre deux mers

Ville moderne au cœur ancien, Tarente fut une colonie stratégique de Grande Grèce et l'industrie sidérurgique qui s'étend autour du port ne suffit pas à occulter son illustre passé. Une mémoire conservée par le Museo archeologico nazionale (MARTA).

Comme dans la sicilienne Syracuse, le Borgo Antico de Taranto est cerné par les flots. D'un côté la Mare Grande ouverte sur la mer Ionienne, de l'autre la rade fermée du Mare Piccolo, étendues d'eau unies par un canal artificiel. Pour gagner les quartiers historiques, il faut emprunter le pont tournant (XIXe siècle). Au bout, Piazza Castello, 3 colonnes d'un temple dorique dédié à Poséidon, faisant autrefois face au chenal navigable, rappellent les antécédents de l'éminente cité. Fondée par les Spartiates sur une ancienne bourgade messapienne, Tarente devint une colonie grecque de premier plan (fin du VIIIe siècle av. J.-C.) et un grand centre pythagoricien. Du fait de sa position stratégique, elle fut ensuite convoitée par le Carthaginois Hannibal, par les Romains, puis mise à sac par les Goths, conquise par les Byzantins, puis par les Lombards, par les Sarrasins et par le Normand Robert Guiscard avant de passer sous la tutelle du royaume de Naples puis de Napoléon qui en fit une base navale, théâtre d'affrontements en 1940.

Dominant l'accès au port, le Castello Aragonese, d'origine byzantine mais remanié par Ferdinand II, abrite la marine militaire.

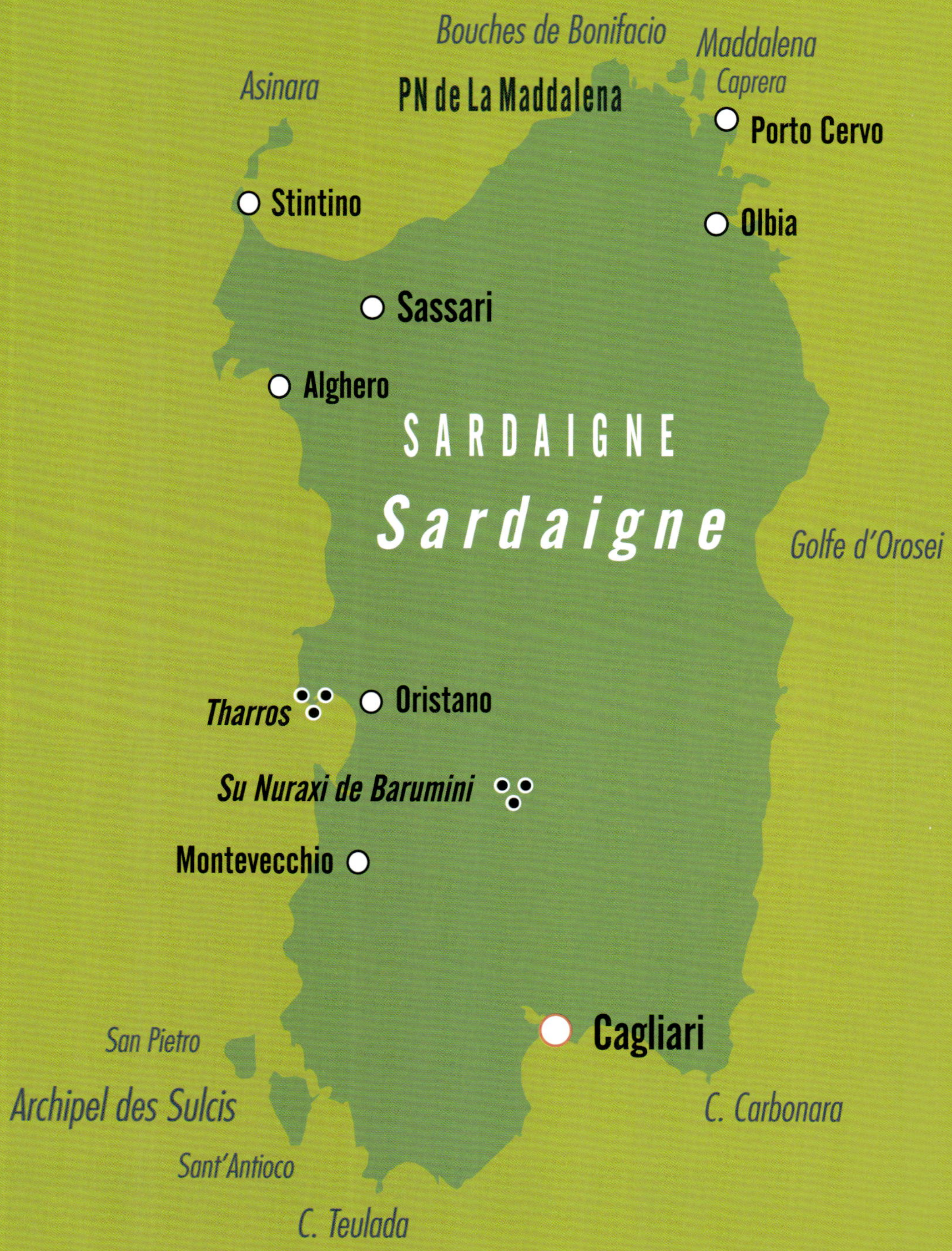
Bouches de Bonifacio
Maddalena
Caprera
Asinara
PN de La Maddalena
Porto Cervo
Stintino
Olbia
Sassari
Alghero
SARDAIGNE
Sardaigne
Golfe d'Orosei
Tharros
Oristano
Su Nuraxi de Barumini
Montevecchio
San Pietro
Cagliari
Archipel des Sulcis
C. Carbonara
Sant'Antioco
C. Teulada

Sardaigne

Domus de janas

Le fabuleux foyer des fées

Sur tout le territoire de la Sardaigne, le visiteur peut croiser de bien étranges demeures archéologiques, les *domus de janas*. La tradition veut qu'elles aient été les maisons des fées ou des sorcières. De quoi nourrir bien des légendes populaires…

Au diable l'occultisme, ces édifices faisant bloc avec la roche dans laquelle ils sont creusés sont des sépultures préhistoriques. Et il semblerait bien qu'aucune enchanteresse n'ait jamais tissé de toile d'or en ces antres de pierre ornés de signes magiques… L'île compte un millier de ces tombes rupestres datant pour la plupart du Chalcolithique et de l'âge du bronze. Le paysage des provinces de Cagliari, Oristano, Nuoro et Sassari est marqué par ces curieux sépulcres dont la forme varie. Il peut s'agir d'une hutte ronde au plafond conique ou triangulaire, d'une cavité évidée ressemblant à un tumulus ou à une œuvre du temps et de l'érosion, à la manière de l'Elephant Rock de Castelsardo, l'un des symboles de la Sardaigne. Ces *domus* se regroupent parfois en des nécropoles comme sur le site d'Anghelu Ruju, près d'Alghero, où 36 tombes sont ornées d'obscures têtes de taureaux, à Lotzorai qui en concentre 13 ou au Bonorva avec les 18 chambres de la *domus de janas* de Sant'Andrea Priu.

À Sedini, l'inquiétante masse de calcaire d'une domus de janas creusée à la fin du Néolithique et semblant extraite d'un livre de contes.

Su Nuraxi de Barumini

L'archétype du nuraghe de Sardaigne

Dans la province sarde du Medio Campidano, le site archéologique Su Nuraxi de Barumini présente les vestiges d'un ensemble de constructions défensives préhistoriques. Appelés *nuraghes*, ces monuments mégalithiques à tour conique sont propres à l'île.

Au cours du IIe millénaire av. J.-C., la communauté insulaire a conçu un type de construction défensive unique en son genre. En sarde, *su nuraxi* désigne « le nuraghe », terme donné à cette structure particulière en forme de ruche. Entièrement fouillée entre 1949 et 1956 par l'archéologue sarde Giovanni Lilliu, la plus grande forteresse nuragique de l'île a été classée par l'Unesco parmi les chefs-d'œuvre du Patrimoine mondial de l'humanité en 1997. Non loin de la ville de Barumini, elle se dresse sur un petit plateau à environ 230 mètres au-dessus du niveau de la mer. L'unité bâtie par les hommes de l'âge du bronze et renforcée aux cours des siècles pour faire face aux incursions carthaginoises comprend des tours défensives circulaires en forme de cônes tronqués. Comme les 7 000 autres nuraghes recensées en Sardaigne, ces constructions en pierres de taille sont dotées de salles intérieures voûtées en encorbellement. Autour, un village s'organisait, habité jusqu'au IIIe siècle de notre ère.

Semblable aux tombes à tholos mycéniennes, la nuraghe défensive de Barumini était cernée d'un enclos quadrilobé formé de tours unies par des parapets.

Alghero

La conquête aragonaise

Sur la côte nord-ouest, aux portes du parc régional de Porto Conte, qui comprend Capo Caccia aux zones maritimes protégées, la ville d'Alghero est un îlot linguistique où l'on parle sarde et catalan : un bilinguisme puisant ses racines dans l'histoire.

Les liens qui unissent Alghero et la péninsule Ibérique datent de sa soumission au royaume d'Aragon (XIVe siècle) et les panneaux sont toujours traduits en catalan. Les édifices gothiques de cette « petite Barcelone » portent le cachet espagnol. Dans la vieille ville blottie à l'intérieur de ses fortifications et avançant sur la mer, il ne faut pas manquer les rosaces de l'église San Francesco (XIVe siècle), son campanile triangulaire et son cloître, mais il faut aussi voir la cathédrale Santa Maria, maintes fois remaniée mais dont la silhouette s'impose élégamment au bout de la via Principe Umberto. Outre la promenade sur le cordon de remparts appelés *ramblas*, le port d'Alghero est une clef pour embarquer vers les cheveux d'ange de la grotte de Neptune nichée dans la vertigineuse falaise du Cap Caccia, près de la baie de Porto Conte où les Romains voyaient le port des Nymphes. Les plages – Bombarde, Lazzaretto, Porticciolo –, la nuraghe de Palmavera et les filons métallifères d'Argentiera sont proches.

Emblème multicolore du centre historique d'Alghero, la coupole en tuiles vernissées de l'église baroque de San Michele, saint patron de la ville.

Cagliari

Au cœur de la Baie des Anges

Implantée au fond de sa baie au sud de la Sardaigne, Cagliari est une cité solaire : eaux limpides, climat méditerranéen, plage du Poetto… La ville fondée par les navigateurs phéniciens possède aussi un beau patrimoine historique et archéologique.

Pour découvrir la civilisation nuragique et punico-phénicienne, une visite au Musée archéologique s'impose. De l'antique Kalaris demeurent les vestiges de l'amphithéâtre romain (IIe siècle). À cette époque, la visibilité de Cagliari était telle que dans le grand port d'approvisionnement de Rome que fut Ostie, une mosaïque témoigne, place des Corporations, de ses liens avec l'empire. Les marchands ont de tout temps prospéré, regroupés dans le quartier bourgeois de Stampace. La marina, ancien quartier des matelots et des pêcheurs, s'anime désormais de jour comme de nuit et l'activité portuaire a aujourd'hui calé son rythme sur celui – insatiable – des touristes… Fondée au Ve siècle, la plus vieille église sarde est la basilique romano-byzantine San Saturnino, patron de la ville. Le *duomo* prend place dans l'aire pisane du Castello (XIIIe siècle), faubourg bâti sur l'une des 7 collines calcaires de la ville, tandis que le sanctuaire marial Notre-Dame-de-Bonaria illustre la domination espagnole (XVe siècle).

Vue depuis les remparts du quartier fortifié du château de l'une des coupoles de la cathédrale Santa Maria, sise place Palazzo.

Montevecchio

Ruée au temps des chercheurs d'argent

Retraçant à ciel ouvert l'histoire minière de la Sardaigne, le parc géominéral historique et environnemental de Montevecchio appartient au réseau mondial des géoparcs soutenu par la division de l'Écologie et des Sciences de la Terre de l'Unesco.

Argentiera, Carbonia, Montiferru, Capo Ferrato... quelques toponymes indiquent que l'industrie minière fut la principale activité économique de l'île, grâce à un sous-sol spécialement riche en charbon, plomb, zinc, cuivre, talc, or et argent, sans oublier l'obsidienne... Extraite dans le centre-est, sur le mont Arci, cette roche volcanique vitreuse a fait la réputation de la Sardaigne dans tout le bassin méditerranéen dès le VIe millénaire av. J.-C. Les Romains vinrent ensuite extraire l'argent et le plomb nécessaires pour frapper la monnaie et fabriquer leurs canalisations d'eau, puis, malgré les invasions sarrasines, la Sardaigne prospéra durant le Moyen Âge grâce au commerce de l'argent. Pionnier dans la revalorisation du patrimoine industriel sarde, le parc géominéral historique et environnemental de Montevecchio permet d'appréhender un site et un habitat minier traditionnel grâce à la découverte d'une exploitation en activité de 1850 à 1991 et qui fut parmi les plus productives d'Europe.

Le complexe de Montevecchio comprend galeries, puits, siège de la direction et logements des mineurs attenants à l'église et à l'hôpital...

Tharros

Escale commerciale à l'abri des vents

Dans le golfe d'Oristano, le site archéologique de Tharros – ancienne ville portuaire phénicienne et romaine – se tient à la proue de la presqu'île de Sinis, réserve d'oiseaux et demeure protégée des cormorans, des flamants roses et des oies sauvages.

Cette cité antique bordée de falaises a été fondée en 730 av. J.-C. par les Phéniciens, à proximité d'un village nuragique préexistant dont les ruines s'étalent au nord, autour de l'aire sacrée du tophet et du nuraghe Baboe Cabitza. Ce grand peuple de navigateurs et de commerçants venu du Liban, de Palestine et de Syrie venait y troquer ses marchandises contre du sel et des minerais – le bronze et l'obsidienne – dont la Sardaigne était riche. Formant un havre naturel, la péninsule de Sinis était un site idéal pour créer un comptoir aux quais mesurant 200 mètres de long. Franchissant la passe du cap San Marco, les bateaux passaient devant un temple originellement dédié à Baal, dieu protecteur que, suite aux guerres puniques, les Romains ont remplacé par une divinité issue de leur panthéon… Le long de cette côte sauvage, les vestiges (thermes, enceinte, nécropole…) offrent une vue de rêve sur l'île du Mal de Ventre où nichent les cormorans. Au nord, la plage d'Is Arutas forme un divin lagon.

Dominant des eaux turquoise, signe d'un écosystème préservé, deux colonnes s'élèvent : celles d'un temple romain bâti sur un sanctuaire phénicien.

Parc national de La Maddalena

Archipel de rêve

À l'extrême nord-est de la Sardaigne, au-delà de la Gallura, ce parc géomarin protège 180 kilomètres de côtes érodées et de plages paradisiaques.

Face à la Costa Smeralda, le parc national de l'archipel de La Maddalena couvre 12 000 hectares. Ce site naturel préservé de l'homme accueille des colonies d'oiseaux migrateurs : goélands d'Audouin, cormorans… L'archipel est constitué de 7 îles et d'un essaim d'îlots et d'écueils satellites. Il y a 4 îles majeures : la Maddalena, Caprera, Santo Stefano et Spargi. Plus au large, Budelli, Santa Maria et Razzoli forment le paradis coralien des plongeurs. Unique centre habité, Maddalena est aussi la plus vaste île de l'atoll de beauté. Des plages aux eaux turquoise ourlent son littoral accidenté – Spalmatore, Octopus, Porto Massimo Monti d'Arena – et l'architecture du XVIIIe de la ville est élégante avec ses balcons de fer forgé. Caprera fut le refuge granitique de Garibaldi dont la maison et la tombe se visitent parmi les pins et les genévriers. Et, tandis que le fort Saint-Georges veille sur Santo Stefano, de minuscules criques entourent la circulaire et sauvage Spargi.

Dans l'archipel férocement protégé de la Maddalena, le mouillage idyllique de la Cala Cotticio, double anse cernée de rochers sur l'île Caprera.

Porto Cervo

Le Saint-Tropez de la Côte d'Émeraude

Au nord de la Sardaigne, à quelques milles marins de Porto Vecchio, son « pendant » corse, Porto Cervo, que l'on nomme aussi *Porto Nuovo*, est le rendez-vous estival de la jet-set internationale qui vient profiter des beautés de la Costa Smeralda.

L'opulente station est née dans les années 1960 de la volonté du prince Karim Aga Khan IV, amoureux fou de la région et conscient très tôt de son potentiel touristique. Le milliardaire ismaélien a confié son projet immobilier à un architecte et urbaniste italien exercé : Luigi Vietti. Ayant précédemment œuvré à Portofino, autre escale mythique, il a conçu un village en Italie comprenant des hôtels haut de gamme, les complexes balnéaires de Cala Granu et Cala del Faro et des villas somptueuses sur les promontoires de Romazzino et Capriccioli. Sa grande réussite a été de construire son paradis artificiel autour d'un port naturel en soignant l'intégration de l'architecture au paysage de collines et en imitant le bâti traditionnel de la Gallura. Aujourd'hui, boutiques de luxe et tables ultra chic se concentrent autour de la marina conçue pour accueillir les plus grands yachts, ainsi que sur l'agora surélevée de la Piazzetta, lieu résolument « bling bling » où il faut être vu.

Romazzino, Pevero, Cala Granu et Cala del Faro, Portisco, l'Arena Bianca, Long-beach, Petra Manna... Les plages ne manquent pas à Porto Cervo.

Stintino

Symphonie en bleu majeur

Pittoresque village de pêcheurs posté à l'extrême nord-ouest de la Sardaigne, Stintino fait face à une mer limpide et à la divine plage de la Pelosa. Au loin, droit devant, le parc naturel de l'île de l'Asinara, vierge de toute pollution, et Piana.

Petite capitale de la région agricole de la Nurra, Stintino s'étire sur la dernière bande de terre sarde. Cette destination prisée des touristes a su garder sa modestie d'antan avec ses petites maisons aux couleurs pastel et ses 2 ports traditionnels. Sa fondation remonte à 1885, lorsque 45 familles de pêcheurs ont été installées par les autorités. Toutes venaient de l'île de l'Asinara d'où elles avaient été expulsées suite à la création d'une station sanitaire où les malades du choléra étaient isolés. Durant la Première Guerre mondiale, elle accueillit un camp de prisonniers. De nos jours, elle abrite un parc naturel qu'il est possible de rallier depuis Stintino, tout comme l'île de Piana, autrefois utilisée comme pâturage, les vaches prenant donc le bac… Eau translucide, vagues turquoise, cadre enchanteur auréolé de maquis méditerranéen et veillé par une ancestrale tour de guet : en direction de cap Falcone, la Pelosa est sans conteste la plus belle et la plus populaire plage de Sardaigne.

Construite en 1578 sur un îlot, la tour aragonaise de la Pelosa est accessible à pied suivant un gué naturel. En arrière-plan, l'île de l'Asinara.

Archipel des Sulcis

Un atoll intimement relié au continent

L'archipel des Sulcis est rattaché au territoire de la province de Carbonia-Iglesias qui se trouve juste en face et tira longtemps – comme la première partie de son nom l'indique – sa subsistance des ressources énergétiques, à commencer par le charbon.

Entre les gisements de Serbariu et les traces des premiers habitats, il y a 5000 ans, l'arrière-pays des Sulcis promet de belles découvertes, entre géologie et archéologie, y compris industrielles. Cette zone verte est protégée par un parc naturel, au même titre que les 2 îles qui se tiennent à peu de distance des côtes : San Pietro (51 kilomètres carrés) et Sant'Antioco (108 kilomètres carrés), connectée à la terre par un isthme artificiel. Au sud-ouest de l'atoll, cette île volcanique ponctuée de zones humides où nichent flamands roses et cormorans fut peuplée dès l'époque nuragique avant d'être colonisée par les Carthaginois, les Romains, les Byzantins, les Barbares, les Pisans puis les royaumes d'Aragon et de Savoie. Chacun a marqué de son empreinte les villes de Sant'Antioco et Calasetta : sanctuaire phénicien (tophet), catacombes, basilique, Musée ethnographique… À Carloforte, centre urbain de San Pietro fondé par des pêcheurs ligures bannis de Tunisie, la prise des thons dans les filets des madragues est spectaculaire.

Battues par les vents et les flots, de nombreuses grappes de récifs émergent le long du littoral de criques et de falaises de l'archipel des Sulcis.

Stromboli
Ustica
Filicudi
Salina
Alicudi
Lipari
Iles Éoliennes
Vulcano
Messine
Palerme
Monreale
Cefalù
Trapani
Erice
Taormina
Iles Égades
Etna
Marsala
SICILE
Sicile
Selinonte
Catane
Sciacca
Piazza Armerina
Salso
Caltagirone
Agrigente
Syracuse
Raguse
Noto
Scicli
Ile de Pantelleria
Détroit de Malte
Linosa
Iles Pélagie
Lampedusa

Sicile

Agrigente
La Vallée des Temples

Inscrite au Patrimoine mondial par l'Unesco, la zone archéologique d'Agrigente, colonie grecque fondée au VIe siècle av. J.-C., couvre le territoire de la Vallée des Temples et l'ancienne acropole bâtie sur une crête ceinte par 12 kilomètres de remparts.

Considérable, l'antique Akrágas a prospéré sous la gouvernance de tyrans. Grâce à leurs faits de guerre, les captifs carthaginois ont été employés pour édifier « la plus belle des cités mortelles », d'après le poète Pindare (Ve siècle av. J.-C.). Cette riche colonie passée dans le giron de Rome a ensuite déplacé son centre plus haut, sur les rochers, à l'abri des invasions. Si la cathédrale San Gerlando (XIe siècle) et les églises Santa Maria dei Greci et San Biagio recouvrent l'acropole, le parc archéologique comprend les vestiges d'une douzaine de temples sur 1 000 hectares. À l'est, celui d'Hercule, de style dorique archaïque, et celui de la Concorde, le plus ancien de tous, aussi bien conservé que l'Héphaïstéion d'Athènes car converti en basilique chrétienne au VIe siècle. Plus près de la mer, les ruines du sanctuaire d'Héra, avec son autel sacrificiel. À l'ouest, le gigantesque temple de Zeus olympien (113 mètres sur 56) célèbre le triomphe des Grecs après la victoire d'Himère en 480 av. J.-C.

Trente-quatre colonnes et un décor de triglyphes et de métopes : le temple de la Concorde est le mieux conservé de tous les temples de Sicile.

Caltagirone

La colline aux vases

Non loin de Piazza Armerina, à l'ouest de Catane, la capitale de la céramique sicilienne a conservé son tracé médiéval et son décor baroque. Habillés de majoliques, ses ponts, ses murs, ses balustrades et ses monuments donnent à son centre une élégance rare.

Au centre de l'île, la reine des monts Erei, inscrite au Patrimoine mondial de l'humanité par l'Unesco, jouit d'un beau panorama. La renommée des potiers de Caltagirone, sise sur des bancs d'argile exploités dès la préhistoire, ne date pas d'hier. La découverte de fours de cuisson prouve l'existence d'ateliers bien avant l'occupation grecque. Si les Crétois ont introduit le tour en Sicile, l'art du vernissage a été enseigné par les Arabes qui nommèrent le site *Aqal'at al Gna Rom*, c'est-à-dire « la colline aux vases ». Ensuite, les Catalans, installés au XVIe siècle, imprimèrent leur style : une histoire passionnante présentée au museo della Ceramica. Soumise à un réel dénivelé, la cité est riche en boutiques où grimacent les vases en forme de tête de guerriers sarrasins. L'imposant escalier de Santa Maria del Monte connecte la ville haute et baroque à la ville moderne, en contrebas. Au faîte de la colline et des marches, l'église éponyme a du charme, en dépit des tremblements de terre dont elle a souffert.

Contre-plongée sur les 142 contremarches revêtues de majolique polychrome de l'escalier monumental de Santa Maria del Monte (XVIIe siècle).

Catane

Décor de lave

L'ancien peuple des Sicules, qui habitait originellement l'île, nommait déjà cette position *Katane*, mot qui en désignant ce qui est âpre et rêche montre à merveille la dimension volcanique de la seconde ville de Sicile, classée par l'Unesco.

Son bâti de pierre ponce confirme son établissement aux pieds de l'Etna. Soumise aux colères du volcan, Catana a été anéantie en 1693. Le rivage rocailleux qui enveloppe son port, comme la petite rade de San Giovanni Li Cuti, est aussi sombre que l'éléphant noir surmonté d'un obélisque qui trône sur la fontaine de la Piazza del Duomo, emblème d'une ville renaissant sans cesse de ses cendres. La période gréco-romaine a livré 9 édifices thermaux ainsi que des théâtres, des amphithéâtres, une nécropole, un forum et un aqueduc. Byzance a marqué les églises Sainte-Barbe, Sainte-Marie-de-la-Rotonde et la chapelle du Petit-Sauveur alors que les quartiers de Cibali et des Mûriers Blancs furent des bastions sarrasins. Le quartier de la Civita porte en revanche le sceau normand, tout comme le dôme. Un arc gothique catalan, le monument funéraire du vice-roi d'Espagne Fernando de Acuña ou le palais Platamone illustrent le Moyen Âge, supplanté par le baroque en diable de l'abbaye de Sainte-Agathe ou de l'abbaye Saint-Placide.

Les étals du célèbre marché aux poissons de Catane composent une nature morte qui évoque la peinture des maîtres italiens du XVIIe siècle.

Cefalù

Métaphore de la culture arabo-normande

Paisible cité maritime entre Palerme et Capo d'Orlando, Cefalù vit les pieds dans l'eau et à l'ombre du mont Rocca qui la chapeaute. Pétrie d'influences orientales, la cité a été rebâtie par Roger de Hauteville, vainqueur des Arabes au XIe siècle.

Après deux siècles de domination mahométane (IXe-XIe siècle), l'aventurier du Cotentin est parvenu à libérer Cefalù. Les combats entre Normands et Arabes ayant fait rage, la ville gisait dans un triste état aux pieds du promontoire rocheux. Issu d'une dynastie qui s'est illustrée en Méditerranée et décidé à marquer l'histoire, le conquérant s'est fait bâtisseur. Alliés à la papauté, lui et son fils Roger II ont figé dans la pierre quelques-unes des heures glorieuses de la cité dont le cœur bat Piazza del Duomo. Cernée de palais d'époques variées, la cathédrale (XIIe siècle) a des allures de forteresse flanquée de tours évoquant des minarets. Au plafond de cet édifice de style normand richement orné de mosaïques byzantines, des poutres peintes convoquent encore une fois l'Orient. Au bout de la via Mandralisca, le beau lavoir médiéval n'est pas loin de la Porta Marina qui ouvre sur le port. Les barques bariolées des pêcheurs y accostent, leurs amarres disputant désormais le sable à un flot d'estivants…

Pour réaliser la mosaïque du Christ pantocrator en l'abside de « sa » cathédrale, Roger II a dépêché les meilleurs artisans de Constantinople.

Etna

La fournaise sommitale

En grec, *aetna* est un mot qui « brûle ». Zone protégée, la montagne des montagnes est un haut lieu d'excursion que les randonneurs arpentent tandis que géologues et vulcanologues veillent sur le sommeil chaotique de cette mythique fournaise.

Voilà 80 millions d'années, le flanc ouest de la Sicile s'est fracturé. Sous la poussée tectonique exercée par l'Afrique, le magma libéré a ensuite formé l'un des volcans les plus actifs d'Europe : l'Etna, « vieux » de 2 millions d'années. Lave, gaz et cendres s'échappent régulièrement de ses 4 bouches éruptives et ses jaillissements successifs, de nature effusive ou explosive, ont façonné le paysage de la Sicile, terre de feu soumise aux colères du cratère dont Catane a fait les frais en 1381 et 1669. L'Etna lui-même a changé d'apparence au fil des siècles, d'abord marin, son cône a grossi au point de progressivement rallier le continent avant de s'effondrer, ce qui lui a donné l'image qu'il a aujourd'hui, avec ses cheminées latérales et ses gouffres pyroclastiques. Sans danger, la balade sur son versant oriental, la dantesque vallée des Bœufs, est fantastique. Plus technique, l'ascension des cratères se fait au départ de refuges, à pied ou même à ski quand la roche noire se couvre de blanc.

Ponctué des endémiques coussinets herbeux, le beau paysage de désolation de la vallée del Bove, autour du cratère de l'Etna.

Iles Egadi

La triade iodée aux multiples attraits

Ancrées à quelques milles seulement de la côte ouest et accessibles depuis Trapani, les trois îles Egadi – Favignana, Levanzo et Marettimo – sont des perles continentales égrenées en Méditerranée dont une réserve naturelle marine préserve la biodiversité.

Cet archipel est aujourd'hui prisé des vacanciers. Avant eux, ce sont les Génois qui assurèrent sa prospérité, faisant de ces éclats rocheux isolés du continent par la montée des eaux des escales poissonneuses sur la route maritime qu'ils empruntaient : ici, on pêche le thon depuis des siècles. Surnommée le papillon des Égades, en référence à sa forme dentelée, Favignana – la plus grande des îles – possède sa *tonnara* et la famille Florio, dont on admire le palais liberty (xixe), tendait autrefois ses filets pour piéger le germon qui donne sa saveur au couscous local. Si les Cala Rossa, Azzura et Bue Marino possèdent des criques enchanteresses, on quitte volontiers le soleil pour l'ombre des cavernes des Soupirs et des Amoureux… Sur Levanzo, la Grotta Genovese surpasse leur beauté naturelle : bisons, cerfs, thons et dauphins peints ou gravés dès le Paléolithique supérieur sont éblouissants. Plus sauvage, Marettimo, gardé par un fort, dresse ses falaises escarpées sur une mer de cristal.

Les maisons cubiques de Cala Dogana, seul village habité de Levanzo, la plus petite des Égades, composent un paysage charmant sous la pointe Monaco.

Iles Éoliennes

Morceaux de lave semés au large

Inscrit depuis l'an 2000 sur la liste du Patrimoine mondial de l'humanité par l'Unesco, cet archipel volcanique comprend un chapelet de 17 îles aux tempéraments différents, dont les impétueux Stromboli et Vulcano ainsi que la touristique Lipari.

Cette noria d'atolls qu'une poussée éruptive a jetée en mer Tyrrhénienne parade au nord de la Sicile. Seulement 7 de ces terres magmatiques sont habitées. L'île de Lipari fut abordée par les Grecs qui popularisèrent les bienfaits des étuves à 60 °C aux thermes de San Calogero. Puis vint le cruel Barberousse, peut-être attiré par les carrières d'obsidienne et de pierre ponce. Ensuite, Charles Quint et les Espagnols érigèrent l'enceinte et le château qui domine la ville éponyme, accolé à la cathédrale San Bartolo al Monte. Dans le port de Marina Corta, la chapelle des Âmes du purgatoire et l'église San Giuseppe se mirent dans les eaux, invitant à gagner les plages immaculées de Cannetto. À Salina, le sel est une spécialité aussi évidente que les bains de boue sulfureuse de Vulcano. Si Stromboli fait vibrer les vulcanologues, Filicudi recèle des grottes fabuleuses et Panarea subjugue les plongeurs. Alicudi demeure quant à elle immuable, fidèle à la pêche et à l'agriculture nourricière.

À 45 kilomètres au nord des côtes siciliennes, le port de Lipari, la plus grande des Isole Eoli, fermé par la jolie chapelle des Âmes-du-purgatoire.

Messine

Le loquet du détroit

Face au détroit éponyme qui sépare la Calabre de la Sicile et place l'île au bout de la botte de la péninsule italienne, Messina s'étend sur la côte ionique. Port militaire et civil au cœur d'une zone agricole, la cité clef a brassé mille influences.

Autrefois au point de confluence des royaumes de Sicile et de Naples, Messine partage la Méditerranée en deux zones, l'une sous attraction occidentale, l'autre polarisée par l'Orient. Marins grecs, arméniens, normands, arabes ou juifs se sont croisés dans cette ville qui a crû autour de sa rade dont le Forte San Salvatore et la lanterna di Raineri gardent l'entrée. Étirée au flanc des monts Peloritani, la cité aurait été fondée par le géant Orion, chasseur mythique croisé par Ulysse au cours de son Odyssée et qu'Artémis transforma en une constellation, inscrite dans la carte du ciel en compagnie de ses chiens, Sirius et Procyon. L'église de la Sainte-Annonciation et la cathédrale d'origine byzantine datent de la domination normande (XIIe siècle), mais ont été en partie reconstruites après le séisme de 1908 et les bombardements de 1943. Le 15 août, la procession de la Vara des géants, dont la tradition remonte à la victoire de Charles Quint, donne lieu à quatre jours de liesse.

En haut d'une pyramide de 15 mètres, la figure de l'Assomption est promenée Piazza Duomo, précédée la veille par le défilé des géants Mata e Griffone.

Monreale

Une cathédrale à l'unisson des arts

Représentant l'apogée du style arabo-normand-byzantin, Santa Maria Nuova a été bâtie en 1172 afin de rivaliser avec les plus grandes cathédrales d'Europe. Pour le meilleur, architecture, mosaïques à fond d'or et cloître croisent les inspirations.

Dédiée à la Vierge Marie, la cathédrale de Monreale doit sa construction à Guillaume II de Sicile. Ce massif vaisseau de pierre jaune au chevet incrusté de blocs noirs et blancs entretient une parenté avec la proche cathédrale de Palerme, distante de 7 kilomètres seulement, et avec celle de Cefalù, érigée par Roger II de Hauteville, grand-père du commanditaire. Paragon de l'architecture normande, Santa Maria Nuova entremêle les styles d'Europe du nord à des motifs issus du répertoire mauresque, comme les incrustations polychromes de l'abside et les arcatures aveugles. Une fois passées les magnifiques portes de bronze sculptées (XIIe siècle), l'intérieur de la nef et ses bas-côtés se révèlent éclatants de richesse. Les mosaïques byzantines relatant des scènes de l'Ancien et du Nouveau Testament forment un écho artistique à la Conca d'Oro, la « coquille d'or », c'est-à-dire la plaine cernant l'arrière-pays. Comme une apothéose, colonnes, arcs et chapiteaux très travaillés du cloître ferment ce chef-d'œuvre.

Les arcs en ogive et les colonnes lisses, vrillées, cannelées ou incrustées de tesselles brillantes du divin cloître de Monreale.

Noto

Hymne à l'exubérance

De la Noto Antica occupée par les Arabes puis conquise par les Hauteville (XIe siècle), il ne reste rien, la faute au séisme dévastateur de 1693. Relevée de ses ruines par un bataillon d'urbanistes, la ville s'est muée en une vision fantasque et baroque.

Pour rebâtir leur cité à quelques kilomètres de son centre originel et clamer à la face du monde leur joie d'avoir survécu au pire, les habitants de Noto firent appel à une brochette d'architectes passés maîtres dans l'art débordant de vie du baroque. Gagliardi, Landolin, Mazza et Sinatra créèrent une cité originale que l'Unesco a désormais placé sous sa bienveillance afin d'en restaurer la splendeur. Au XVIIIe siècle, ces artisans géniaux s'attachèrent à sublimer les moindres détails, tels ces balcons supportés par des créatures infernales jamais avares d'une grimace, à l'image des atlantes arrimés aux murs du Palazzo Nicolaci. De tels palais, la ville en compte des dizaines, comme le Palazzo Ducezio, qui abrite l'hôtel de ville, avec ses 11 arcades rythmées de colonnes. Le patrimoine sacré est aussi immense, représenté par la cathédrale San Nicolò et une kyrielle d'églises, de San Carlo Borromeo à Santa Chiara, en passant par San Francesco, San Domenico et la Chiesa del Crocifisso.

Conçue par Gagliardi, la façade convexe de l'église San Domenico, typique du bâti de Noto, cité magnifiée par le style troublé et fiévreux du baroque.

Palerme

Vibrionnant chaudron patrimonial

Captivante, Palermo borde la côte ouest de la Sicile, se tenant opportunément au creux de la plaine fertile de la Conca d'Oro. Les rues de sa vieille ville sont un théâtre multiculturel où la langue, les mœurs et l'architecture campent une indicible fresque.

Sa genèse fut mouvementée : Phéniciens, Grecs, Romains, Vandales, Arabes, Normands, Autrichiens et Espagnols se disputèrent sa baie. Au pied du Monte Pellegrino, la cité devint capitale de la Sicile sous gouvernance arabe au IXe siècle : son lustre égalait alors celui de Cordoue et du Caire. Plusieurs quartiers évoquent cette puissante influence. À l'ouest, celui du Ksar a été recouvert par le colossal palais des Normands, à côté duquel se dressent la cathédrale et la Capella Palatina, joyau arabo-musulman orné de mosaïques, à 2 pas des jardins exotiques de la Piazza Vittoria, qu'entourent les palais Scalafani et Arcivescovile. Plus à l'est et proche du port, le dédale de ruelles de la Kalsa, investi par la suite par les Normands et les Catalans, concentre monuments médiévaux et Renaissance autour de la Piazza Marina où siégeait la cour d'Aragon. On peut y voir l'église San Franceco d'Assisi, le Palazzo Abatellis, devenu musée, la Fontana Pretoria, à l'impudique statuaire, et les coupoles rouges mauresques de San Cataldo.

Bâtie par un archevêque normand à la place d'une basilique romaine convertie en mosquée, la cathédrale est à l'image de sa ville : plurielle.

Ile de Pantelleria

Le diamant noir du canal de Sicile

À équidistance de la Sicile et de la Tunisie, Pantelleria est un refuge rustique pour touristes chics. Avec des grottes qui font sauna et le moscato, nectar issu de ses vignes, l'île volcanique a séduit bien des personnalités en quête de naturel.

À 70 kilomètres des côtes africaines et du Capo Mustafa, la partie émergée du volcan Pantelleria est une destination dépaysante avec sa caldeira et son décor de basalte sombre. Durant quatre siècles, elle fut conquise par les Arabes qui la baptisèrent *Bent El Riah*, « la fille des vents ». Depuis la nuit des temps, pour cultiver son sol fertile, les habitants ont dressé des murets destinés à abriter leurs cultures – vin et câpres en tête – du souffle cuisant. Ils ont aussi conçu un type d'habitat très bas, parfaitement adapté au climat, car pourvu de si petites ouvertures que rien, ni brise marine ni soleil ardent, ne s'y engouffre… Dans les cavités, la chaleur remontant des entrailles produit une vapeur qui alimente des « bains secs » dignes des thermes, à moins qu'on ne leur préfère les geysers qui jaillissent parfois des pierres ponce, entre 2 figuiers de Barbarie. Lamartine, Madonna, Sting ou encore Bertolucci ont fait partie des hôtes conquis par ce paradis abrupt.

Séduit, García Márquez écrivit : « Je ne crois pas qu'il existe au monde un lieu plus adapté pour penser à la Lune. Mais Pantelleria est plus belle. »

Villa du Casale

Le parangon du Bas-Empire

Au sud de la Sicile, près de Piazza Armerina, ville médiévale couronnée par les tours massives du puissant château aragonais et par le clocher gothique de sa cathédrale, une villa romaine de l'Antiquité tardive a livré 3 500 mètres carrés de mosaïques exquises.

Ce somptueux domaine comprenant 30 pièces, dont des thermes privés, doit sa conservation hors du commun à un coup du destin. Paradoxalement, c'est un glissement de terrain qui, en la submergeant au XIIe siècle, a protégé cette vaste villa jusqu'au XIXe siècle. Il a même encore fallu attendre 1929 pour que soit dégagée la première mosaïque ! La variété des sujets – exotiques, mythologiques ou intimistes – est stupéfiante : chef-d'œuvre plein de vitalité, le corridor de la Grande Chasse relate la chasse de féroces lions et de sangliers ; le vestibule des appartements s'orne des aventures d'Ulysse et de Polyphème ; le frigidarium oppose néréides et tritons ; dans la palestre, des chars s'élancent sur le Circus Maximus de Rome et les travaux d'hercule sont mis en scène dans le triclinium… Ailleurs, des enfants rieurs vendangent, pêchent ou chevauchent des paons, tandis que dans la bien nommée *salle des Jeunes Filles en bikini*, des athlètes féminines s'exercent, altères et cerceaux en main.

Au sol de la salle de la Danse, une élégante improvise un ballet séduisant, le mouvement aérien de son voile nimbant ses traits au modelé parfait.

Raguse

La commune schismatique

Après le séisme de 1693, les habitants et la cité se sont séparés en deux entités. Attachées à leurs biens et à leur histoire, les familles nobiliaires sont restées pour reconstruire l'antique Ibla, tandis que les bourgeois ont érigé Ragusa Nuova.

Établie au sud, dans l'arrière-pays sicilien, Raguse est bipolaire. Ou l'a du moins été jusqu'à l'unification de Ragusa Ibla et de Ragusa Nuova en 1926. Son premier centre urbain fut fondé par les Sicules sur la colline d'Ibla, pour se soustraire à la colonisation grecque. Pittoresque, ce noyau ancien superpose architecture médiévale et baroque, style en vigueur lorsqu'elle fut relevée par la noblesse féodale au XVIIe siècle. Le dôme de San Giorgio, construit à l'emplacement de la cathédrale effondrée, et l'église San Giuseppe se ressemblent, leur façade empilant 3 registres de colonnes rococo alors que, miracle de la pierre, San Giorgio Vecchio a conservé son portail gothique, aggloméré au nouveau bâti. Le délicieux Giardino Ibleo tourne le dos au plateau où, suivant le plan octogonal pensé par ses urbanistes, la rationaliste Ragusa Superiore se pavane autour de sa cathédrale à la nef revêtue de stucs. Les 340 marches de Santa Maria delle Scale relient les 2 bourgs classés par l'Unesco.

Depuis la ville haute de Ragusa Nuova, dite Superiore, *vue au crépuscule sur les toits du noyau ancien d'Ibla, au clocher orné de majoliques.*

Sciacca

L'antique station de « Sélinonte-les-bains »

Entre Agrigente et Trapani, la portuaire Sciacca trempe ses fondations en Méditerranée. Sous le signe omniprésent de l'eau, pêche et thermalisme sont ses raisons d'être depuis l'Antiquité, les Grecs ayant très tôt vanté ses vertus thérapeutiques.

La visite de Sciacca débute là où tout a commencé, dans la grotte vaporeuse du mont San Calogero, d'où la vue porte jusqu'à l'île Pantelleria. Cette étuve naturelle était déjà utilisée comme lieu purification par les autochtones, deux millénaires avant notre ère. Vinrent ensuite les Grecs et les Romains, qui développèrent les cures de Thermae Selinuntinae. L'évangéliste San Calogero y établit son ermitage (ve siècle) avant que ces sources chaudes n'attirent les conquérants arabes à qui Sciacca doit son nom moderne, dérivé d'As Saqqah désignant la « fissure » par laquelle les flux vaporeux s'échappaient. De nos jours, les thermes Molinelli et les Stufe di San Calogero sont toujours appréciés des touristes que les charmes de cette ville-labyrinthe ravissent. Se perdre dans les vieux quartiers de Rabato et de Giudecca-Cadda procure un plaisir immense quand surgit, au détour du dédale arabo-normand, la façade à bossages catalans du Palazzo Steripinto (xvie siècle) ou le tympan sculpté de Santa Margherita.

Ses bateaux amarrés, le port de pêche et de plaisance de Sciacca, ville qui a les pieds dans l'eau, est aussi coloré que son irrévérencieux carnaval.

Scicli

L'exaltant cachet d'une audacieuse

Près de Raguse, au sud de la chaîne collinaire des monts Hybléens, qui donnent un petit parfum d'Afrique à la Sicile, Scicli est une ville magique inscrite au Patrimoine de l'humanité par l'Unesco : une flamboyante perle baroque du XVIIe siècle.

Comme à Caltagirone, Catane ou Raguse, son bâti est typique du Val de Noto. Ce territoire a été remodelé après le tremblement de terre qui a secoué le sud-est de l'île en 1693, faisant table rase du passé et de la cité fondée par les Sicules. Cédée aux Arabes avant d'être normande, puis léguée au comte de Modica, la ville n'a conservé de ces époques que les ruines du castel sarrasin et du dôme San Matteo, abandonnées à leur triste sort sur les hauteurs. Descendant en plaine, cette très belle ville a épousé les splendeurs du baroque qui exprime partout sa folie : de l'église Santa Maria la Nova au luxuriant Palazzo Beneventano, où des bossages taillés en diamant marquent l'angle de la façade, en passant par la rococo San Bartolomeo et sa traditionnelle crèche en bois. On peut aussi admirer la Chiesa Madre, qui abrite la Madone des Milices, une statue de carton-pâte figurant la Vierge à cheval et armée, promenée dans les rues pour commémorer son concours décisif dans le triomphe du roi Roger sur les mahométans.

© Alessandro Rizzo - Fotolia.com

Sous les garde-corps en fer forgé alambiqués du palais Benevent, d'inquiétants animaux fantastiques et des têtes de Maures font la moue aux passants.

Sélinonte

Les plus vastes ruines d'Europe

Près de Castelvetrano, les ruines de l'antique Sélinonte composent un exceptionnel parc archéologique. Tripartite, ce géant comprend une acropole fortifiée surplombant la mer, la colline des temples orientaux et le sanctuaire de Déméter Malophoros.

Décrivant Sélinonte (Selinunte en italien) comme « la ville des palmes », le poète Virgile (Ier siècle av. J.-C.) faisait sûrement allusion à la feuille d'ache – un céleri sauvage nommé *selinon* – qui ornait les pièces frappées dans ce comptoir fondé par des Grecs venus de Megara. Les drachmes retrouvées sur place sont gravées de ce motif devenu symbole de la cité, car on le trouvait sur les rives du Selinus qui l'arrosait. Dans un splendide écrin paysager s'éparpillent les ruines de celle qui, abandonnant son alliance avec Carthage, se rallia à Syracuse avant d'être rasée par Hannibal, complice de sa grande rivale, Ségeste. Le site a longtemps servi de carrière aux habitants et il manque quelques pièces à son puzzle géant. Mais les blocs de pierre restant témoignent malgré tout sans mal de la splendeur de Sélinonte aux VIe et Ve siècles avant notre ère. Pas moins de 10 temples et sanctuaires doriques occupent cette vaste aire sacrée dont la sphère d'influence, culturelle et commerciale, fut considérable.

Dédié à Héra, le temple E s'ornait de métopes déposées au musée archéologique A. Salinas de Palerme, comme celle de la métamorphose d'Actéon en cerf.

Syracuse

Selon Cicéron, la plus belle cité du monde

Figurant en bonne place sur la liste du Patrimoine mondial établie par l'Unesco, l'orientale Syracuse fait l'orgueil de la Sicile. La ville regorge de sites grecs auxquels elle est intimement liée, des temples au parc archéologique de Néapolis.

Sur l'îlot de verdure d'Ortygie, qui prolonge la ville moderne campée sur la terre ferme, le temple dorique d'Apollon emplit la place Pancali alors que le *duomo* baroque couvre le temple d'Athéna. Comme la fontaine d'Artémis et le Castello Euralio, rare exemple de bastion militaire grec parant aux assauts de Carthage, les vestiges corinthiens épousent le cœur de la vieille ville, séparée de son autre moitié par l'étroit canal de Darsena. Au nord de Syracuse, dans la zone archéologique de Néapolis, le théâtre – un des plus grands du monde grec – superpose 67 rangées de gradins auxquels Charles Quint a prélevé quelques sièges pour en garnir les remparts d'Ortigia… Tout près, les caves de pierre des latomies servaient de prison, la plus célèbre étant l'oreille de Denys, fente rocheuse à l'acoustique phénoménale. Là, la tombe du savant Archimède, enfant de la cité, jouxte un autel, où l'on mettait à mort des taureaux en l'honneur de Zeus, et un amphithéâtre romain (IIIe siècle av. J.-C.).

Bisannuel, le Festival de théâtre classique de Syracuse redonne à ce centre culturel majeur, autrefois rival d'Athènes, sa magie d'antan.

Taormina

Comme un céleste balcon sur la mer

Assise sur le long socle rocheux du mont Tauro, Taormina – illustre station balnéaire du nord-est de la Sicile – s'entoure d'une nature subtropicale, offrant depuis la cavea de son théâtre grec un panorama mémorable sur la mer ionienne et sur l'Etna.

La physionomie actuelle de cette ville postée à mi-chemin entre Messine et Catane date du Moyen Âge. Passé la Porta Catania, l'austère cathédrale surmontée de créneaux (XIIIe siècle) domine la Piazza del Duomo, près du Palazzo dei Duchi di Santo Stefano (XIIIe siècle), bel exemple de gothique sicilien sous ascendance espagnole et arabe. On peut aussi voir le Palazzo Corvaja (XVe siècle), robuste édifice normand élevé à l'endroit d'une tour sarrasine, à l'autre bout de la cité, sur la Piazza Vittorio Emmanuele. Les ruines proches de l'odéon romain ont été quant à elles en partie masquées par l'église Santa Caterina (XVIIe siècle). Au milieu de cet échiquier temporel traversé par le très agréable Corso Umberto Ier, artère ultra chic de Taormina, la Piazza IX Aprile constitue un second cœur que bordent la tour de l'Horloge et les églises San Giorgio et San Giuseppe. Maupassant, Liz Taylor, D. H. Lawrence… nombre d'acteurs, d'auteurs et de peintres sont venus ici en villégiature, attirés par le tableau enchanteur de son théâtre gréco-romain.

Dans son voyage en Italie, Goethe qualifiait la ville de « plus grande œuvre de l'art et de la nature ».

Trapani

Une faucille faisant moisson de sel

Sur la côte nord-ouest de la Sicile, à un jet de l'Afrique, les salines et les chantiers navals ont fait la réputation de Trapani, ancien débouché maritime d'Erice, sanctuaire de Grande Grèce perché juste au-dessus de son port, sur le mont éponyme.

Observant sa position sur une saillie rocheuse décrivant un arc de cercle, les Grecs l'ont affublé d'un toponyme tranchant, *Drepanon* voulant dire « faucille ». Si les vergers abondent autour de cette péninsule incurvée faisant face aux îles Egadi, aucune récolte d'herbe n'est ici faite. La culture locale est résolument celle du sel, dont l'extraction et la commercialisation a été développée très tôt. À cheval sur Trapani et Paceco, la Réserve naturelle des marais salants défend cette activité ancestrale, sans doute implantée par les Phéniciens, déjà fort réputée sous la domination normande, jusqu'à devenir monopole d'État avec le roi Frédéric II. La Couronne aragonaise rétablit ensuite le droit de propriété, faisant fructifier comme jamais la production salicole. Soumise à la concurrence depuis le XIXe siècle, les salins connurent un déclin avant que ne soit revalorisée la récolte à la main. Restaurés par le WWF, les moulins font partie intégrante du patrimoine et du paysage.

Les moulins à vent qui fournissent l'énergie nécessaire au drainage de l'eau des bassins salicoles de Trapani lui donnent presque un air de Hollande.

Cutigliano
Barga
Carrare
Massa
Coreglia Antelminelli
Scarperia
Pistoia
Prato
Lucques
Fiesole
Florence
Pise
Poppi
Arno
TOSCANE
Livourne
Anghiari
San Gimignano
Arezzo
Volterra
Montescudaio
Sienne
Cortone
Monte Oliveto Maggiore
Suvereto
Montalcino
Montepulciano
Pienza
Sant'Antimo
Ile d'Elbe
Grosseto
Pitigliano
Orbetello
Archipel toscan
Giglio

Toscane

Florence

Capitale artistique

Berceau de la Renaissance, la Florence que nous connaissons aujourd'hui a été modelée principalement à cette période de l'histoire. Destination de choix pour les amateurs d'art, Florence s'impose comme l'une des plus belles villes d'Italie.

La capitale de la Toscane a été fondée en 59 avant notre ère, mais elle resta longtemps une petite ville sans grande envergure. Le XIIIe siècle fut marqué par l'avènement du florin, monnaie de la ville qui devint rapidement celle des échanges internationaux. Une bourgeoisie de riches marchands se développa dans la ville qui finit par prendre le pouvoir, au tournant du siècle. Le XIVe siècle s'annonce prospère. La ville étant gouvernée par de puissantes corporations, le mécontentement grandit dans les classes populaires, qui s'insurgent pendant l'été 1348. La révolte des Compi, comme on l'a appelée, fut étouffée. Le peuple se rangea finalement derrière un banquier : Cosme de Médicis. Avec l'appui de la papauté, celui-ci fonda une véritable dynastie. Florence devint alors une puissance de rang international, réussissant son développement tant en matière diplomatique qu'artistique et culturelle. À partir du règne des Médicis, l'histoire de la ville se confond avec celle de la Toscane.

Véritable berceau de la Renaissance en Italie, la ville de Florence bénéficie d'une grande richesse artistique.

Florence

La Piazza del Duomo

Si vous n'avez qu'une matinée à passer à Florence, c'est incontestablement l'endroit où vous devez vous rendre. La place abrite un ensemble architectural unique par sa beauté : la cathédrale de Florence, le baptistère et le campanile.

À la fin du XIIIe siècle, Florence était devenue l'une des villes les plus puissantes d'Italie. Elle voulut alors se doter d'une cathédrale unique, dont la beauté et la technicité surpasseraient toutes les constructions de l'époque. Sous la direction d'Arnolfo di Cambio, les travaux débutèrent en 1296. Plusieurs architectes se succédèrent, malgré le manque d'argent et les épisodes historiques dramatiques, telle la peste qui frappa au XIVe siècle. L'église fut finalement consacrée en 1436. Aujourd'hui, la cathédrale frappe par son gigantisme : c'est la quatrième d'Europe par sa taille. Sa façade de marbre blanc et vert est sculptée de mille détails soulignés par des touches de marbre rouge. Étonnamment, l'intérieur paraît presque trop dépouillé, en comparaison avec cette grandiose façade. Au prix d'un effort physique certain, vous pourrez atteindre le sommet du campanile di Giotto : la vue sur la cathédrale, sur le baptistère et sur les toits de Florence y est simplement spectaculaire.

À l'intérieur de la coupole de la cathédrale, se trouve l'une des plus grandes fresques narratives.

Florence

Autour du Ponte Vecchio

La traversée du Ponte Vecchio est incontournable pour tous les visiteurs de Florence. D'autant qu'à chacune de ses extrémités se situent des monuments exceptionnels.

À la fois lieu de passage et lieu de commerce, le plus vieux pont de Florence, reconstruit au XIVe siècle, offre de loin les couleurs fanées de ses petits ateliers d'orfèvres qui se penchent au-dessus de l'Arno. Il est également surmonté d'un long couloir, construit à l'époque des Médicis et leur permettant de rejoindre à couvert le Palazzo Vecchio depuis le Palazzo Pitti, situé sur l'autre rive et dans lequel ils venaient d'emménager. C'est à 200 mètres du Ponte Vecchio, dans le quartier dit de l'Oltrarno, que se dresse l'immense Palazzo Pitti. Construit à la fin du XVe siècle pour le compte du marchand du même nom, sa magnificence causa en partie son infortune : Pitti dut le céder, et le Palais devint la résidence des Médicis qui présidaient à la destinée de Florence. Derrière le Palazzo Pitti s'ouvre le plus grand parc de Florence, le jardin de Boboli, agréable lieu de promenade émaillé de sculptures et de fontaines.

Initialement occupées par des bouchers et des tanneurs, les boutiques du Ponte Vecchio ont peu à peu été remplacées par celles des joalliers.

Scarperia

Un charme aiguisé

À mi-chemin entre montagne et campagne, Scarperia est un lieu privilégié pour découvrir le patrimoine de la région. Petit centre historique ceint de fortification, c'est surtout un haut lieu de l'artisanat de coutellerie.

Fondée en 1306 sur l'axe stratégique Florence/Bologne, Scarperia tira profit du passage important des marchands allant de l'une à l'autre de ces deux capitales régionales, pour développer auberges et tavernes. Par ailleurs, la réputation de la ville se bâtit autour d'un réel savoir-faire artisanal en matière de fabrication de couteaux. Deux événements mirent fin à cette période prospère : d'abord, en 1752, une voie nouvelle fut tracée qui attira, loin de Scarperia, le flot des marchands, puis une loi fut adoptée au tout début du XXe siècle, interdisant le port de couteaux dont la taille excédait celle d'une paume de main, ruinant les manufactures locales. Qu'importe, Scarperia capitalise encore sur ce passé artisanal : jumelée avec la ville française de Laguiole, elle dédie un musée à l'art de la fabrication du couteau. Hébergé au sein du Palais des Vicari, où on admirera les riches blasons qui ornent la façade, il constitue l'étape essentielle de la visite de Scarperia.

© marcopessanta - Fotolia

La façade du Palais des Vicari est ornée de riches blasons des familles de gouverneurs qui se sont succédé.

Coreglia Antelminelli

La ville du plâtre

Coreglia Antelminelli s'impose comme l'un des plus beaux villages d'Italie. Petit bourg de caractère, c'est aussi un haut lieu de la manufacture de plâtre.

La ville s'est bâtie, au début du Moyen Âge, autour du château. Au terme de batailles, Lucques s'est emparée de Coreglia Antelminelli au XIe siècle, l'a fortifiée, et y a érigé églises et autres monuments qui forgent aujourd'hui encore le visage médiéval de la cité. La ville a conservé ses fortifications, ses portes, ainsi qu'une tour médiévale. On pourra admirer l'église San Martino, construite au Xe siècle ou encore le château Ghivizzano, bâti sur les ruines d'une forteresse détruite au XIIe siècle. Coreglia Antelminelli a développé également une manufacture de plâtre qui lui a assuré, pendant plusieurs siècles, une certaine prospérité. Les visiteurs peuvent y découvrir le musée de la figurine de plâtre, qui expose un grand nombre de statues caractéristiques de cet artisanat d'art qui se développa à partir du XVIe siècle.

Niché au creux des montagnes, Coreglia Antelminelli fait partie des plus beaux villages d'Italie.

Massa

À l'ombre des orangers

Entre montagnes de marbre des Alpes apuanes, campagne et Méditerranée, la commune de Massa s'enorgueillit, non sans raison, de proposer aux visiteurs une appréciable variété de paysages.

Si les premiers foyers de peuplement remontent au xe siècle, c'est au xve, avec le début du marquisat de la lignée des Malespina, que la ville va véritablement prendre naissance. Ils garderont la main sur Massa pendant trois siècles, jusqu'à ce que la famille des ducs de Modène en hérite, par alliance, au début du xixe siècle. À l'écart de la ville, le château de Malespina offre un joli point de vue sur la ville. Sa construction s'est étalée sur plusieurs siècles. Il fut la résidence des Malespina jusqu'à ce qu'ils le délaissent pour le palais Ducal. C'est sur une place centrale de la ville, bordée d'orangers, que se dresse ce palais à la façade rouge et aux fenêtres finement sculptées. Les places font partie du charme de la ville. Outre la Piazza Aranci, face au Palais Ducal, il faut aussi emprunter la Piazza Mercurio et les places Palma et Matteotti, où se concentre le cœur de l'activité de la ville.

La ville de Massa offre une variété surprenante de paysages.

Carrare

La cité du marbre

Son marbre, très blanc et à grain fin, est utilisé en sculpture comme en architecture depuis l'Antiquité romaine. Dans les communes proches de la ville, on peut admirer les carrières de marbre, à ciel ouvert.

L'histoire de Carrare est celle d'une lutte pour le pouvoir. Durant le Moyen Âge, la cité passa de mains en mains : d'abord contrôlée par Pise, elle fut ensuite dirigée par Lucques, puis Gênes et enfin Milan. La ville du marbre fut également un haut lieu de la pensée anarchiste, à laquelle elle rend hommage grâce à son centre culturel Gogliardo Fiaschi. En plein centre de Carrare, la cathédrale Duomo di Carrara fut construite entre le XIe et XIVe siècle, elle offre donc à la fois une architecture romane et gothique. Il faut s'attarder ensuite à la Piazza Alberica, cernée de palais, à la Piazza Matteotti, autrefois un cimetière communal et un lieu d'exécutions, ainsi qu'à la Piazza Gramsci où est érigé un monument à la gloire de l'anarchiste originaire de Carrare Antonio Meschi. Le museo civico del Marmo retrace l'histoire de l'extraction du marbre et expose 300 échantillons de marbre aux caractéristiques différentes.

Le marbre de Carrare est universellement connu pour la pureté de sa blancheur.

Lucques

Le berceau de Puccini

Son nom, d'origine celte, signifie « marécage ». Fort heureusement, les marécages ne sont pas vraiment ce que l'on retient d'une visite dans cette ville.

Lucques, en italien Lucca, a été fondée par les Étrusques. La plus belle page de l'histoire de Lucques fut écrite au Moyen Âge, où elle fut provisoirement la capitale du duché de Toscane. Le compositeur Giacomo Puccini fait la fierté de la ville qui l'a vu naître en 1858. Devenue musée, la Casa Museo Puccini permet de découvrir des portraits de l'artiste et des objets personnels, dont le piano sur lequel il composait. La Basilica di San Frediano, basilique romane du XIe siècle, offre une façade qui mérite vraiment le détour. Elle est ornée, dans sa partie haute, d'une surprenante mosaïque aux tons bleus et or. Il faudra aussi aller découvrir Duomo di San Martino. L'entrée de la cathédrale est surplombée par trois galeries soutenues par une quarantaine de colonnes de marbres. La Piazza dell'Anfiteatro épouse la forme d'un ancien amphithéâtre romain. Très passante, et très touristique, on y trouve de nombreuses boutiques et des marchés y sont périodiquement organisés.

Sur la droite de la cathédrale s'élève le campanile, construit en briques rouges et terminé par du marbre blanc.

Barga

Le charme suranné

Ville médiévale au cœur de la vallée du Serchio, Barga fut fondée par les Lombards. La cité, qui fit de la soie sa spécialité, était l'objet de convoitises : Pise et Lucques se sont souvent disputé son territoire.

Étonnamment, la ville entretient de forts liens avec l'Écosse où nombre de ses habitants se sont installés. La ville, qui avait été fortifiée au XVIe siècle a conservé de ce passé deux belles portes d'entrée. La principale, nommée Porta Reale, fut restaurée il y a un siècle. Elle porte le blason de la ville (un voilier). La Porta Macchaia, l'autre porte, est également bien conservée. Bâti sur une colline, d'où on a une belle vue sur les alpes apuanes, sa construction s'est faite par étape à partir du IXe siècle. Y sont notamment à voir des terres cuites, un calice et une croix processionnelle en or du XVIe siècle. Il duomo est cerné par de vieilles maisons qui valent le coup d'œil. La ville dispose également de jolies églises. Parmi elles, on notera particulièrement l'église del Santissimo Crocifisso dei Bianchi, de style Renaissance, et l'église della Santissima Annunziata.

Autour du Duomo, de vieilles petites maisons colorées qui valent le coup d'œil.

Fiesole

Un panorama époustouflant sur Florence

Fondée par les Étrusques, Fiesole fut conquise par les Romains en 283 av. J.-C. Ils y fondèrent notamment une « école d'augures ».

Cette ville est surtout connue pour la vue spectaculaire qu'elle offre sur Florence qu'elle surplombe. Accessible à pied, pour les bons marcheurs, Fiesole mérite que les visiteurs ne grimpent pas jusqu'à elle que pour le seul plaisir d'admirer Florence, mais s'attardent un peu dans ses ruelles. Jusqu'au Moyen Âge, la ville fut puissante, davantage même que Florence. Les deux villes s'affrontèrent à de multiples reprises et c'est Florence qui, au XIe siècle, finit par prendre le dessus. Construite au XVe siècle, la villa Medici est un témoignage bien conservé de l'architecture italienne de la Renaissance. Dès son origine, conçue comme un lieu de villégiature, elle fut, après que Laurent le Magnifique en eut hérité, un lieu où se croisèrent artistes et penseurs. Prenez le temps de vous promener dans son jardin, organisé en trois terrasses épousant la pente du terrain, d'emprunter l'allée de cyprès, de flâner autour de la pergola et de la fontaine.

Bien que petite, la ville de Fiesole est riche de monuments à grande valeur artistique.

Pise

Je penche, donc je suis

Une visite à Pise est souvent motivée par le seul intérêt de voir la célèbre tour penchée. Si le site est exceptionnel, il serait dommage de ne pas se risquer dans le centre de la ville.

Pise compte son lot de musées, de jolies églises, et d'œuvres de la Renaissance. On ne sait pas très bien qui des Ligures, des Grecs ou des Étrusques fondèrent la ville de Pise. Elle commence à prendre son essor à l'époque de l'empire romain, grâce au commerce maritime. Pise assoit sa puissance en prenant le contrôle de la Sardaigne. La ville étend sa domination à Carthage, à la Sicile et à la Corse, se livrant au passage à quelques pillages qui lui donnent les moyens financiers de construire sa superbe cathédrale. Les croisades sont pour la ville l'occasion de prendre pied en de nombreux endroits du globe : Le Caire, Constantinople, Jérusalem, Alexandrie… Au début du XIVe siècle, Florence s'empare de la ville. Le port de Pise s'ensable, enrayant le commerce qui avait fait sa fortune. Dans l'orbite de Florence, elle continue cependant à se développer, sur les plans culturel et artistique notamment, quoique de manière moins dynamique, et moins éclatante.

Traversée par le fleuve Arno, la ville de Pise a pris son essor grâce au commerce maritime.

Pise

Campo dei Miracoli

C'est au nord-ouest de la ville que s'étend le site qui éclipse tous les autres monuments de Pise. À vrai dire, la place ne s'appelle plus, aujourd'hui, « champ des miracles ». Ce nom poétique a été remplacé par un autre : place de la Cathédrale.

La tour de Pise n'est pas le seul édifice remarquable de la place : elle est en effet entourée par un baptistère et une immense cathédrale qui rivalise presque, en hauteur, avec la tour. Construite sous la direction de Buscheto, elle fut consacrée en 1118, puis agrandie par la suite. La cathédrale fut un modèle pour d'autres lieux saints de la région : elle fut la première à se parer de bandes de couleur, rompant la monotonie du marbre blanc. Sa façade est marquée par quatre galeries juxtaposées et une statue : *La Vierge à l'enfant*, sculptée par Andrea Pisano. À l'intérieur de la cathédrale, on trouve la très belle chaire sculptée par Giovanni Pisano au début du XIVe siècle. Elle présente notamment la Passion du Christ. Derrière la cathédrale, se trouve le baptistère, dont la construction, sur une base circulaire, démarra après sa consécration, vers 1150. Ce chantier difficile connut plusieurs interruptions.

Le baptistère Saint-Jean de Pise est un exemple du passage du style roman au style gothique.

Pise

La Tour penchée

La tour de Pise est le monument le plus photographié de toute l'Italie, dont elle est devenue un véritable symbole, à l'image de la tour Eiffel pour Paris et la France.

Les travaux pour construire cette majestueuse tour de 60 mètres de haut ont été lancés en 1173. Malheureusement, les éléments vinrent très rapidement contrarier la construction. En effet, le sol du site se révéla extrêmement instable, et la tour se mit à pencher à un point tel qu'on a fini par craindre qu'elle ne s'effondre tout bonnement. Des travaux de sauvetage, qui mobilisèrent des experts du monde entier, ont été menés pour redresser la tour, ou tout du moins stabiliser son inclinaison. Fermée en 1990, celle-ci peut à nouveau recevoir du public depuis 2001. Le plus grand scientifique du XVIe siècle a vu le jour à Pise, en 1564. Galileo Galilei, connu en France sous le simple nom de Galilée, a déménagé à Florence lorsqu'il avait dix ans. Il est cependant resté très attaché à sa ville natale. On raconte même qu'il testa sa théorie de la chute des corps depuis le clocheton de la tour de Pise.

La tour, qui est l'orgueil de tous les habitants de la ville, est l'attraction touristique la plus importante de l'Italie.

Montescudaio

Le « confetti de paradis »

En 1846, un tremblement de terre détruit une grande partie de la ville qui conserve cependant quelques très beaux monuments.

Selon la commune, la ville serait un « confetti de paradis en Toscane ». On retrouve les traces de la ville de Montescudaio sur des documents datant du XIIe siècle. Montescudaio est également une étape sur la route des vins de Toscane. La culture de la vigne est un héritage de la domination étrusque et le vin produit à Montescudaio, ainsi que dans six communes environnantes, protégé par une appellation, est connu des amateurs italiens depuis la fin du XIXe siècle. La ville a conservé de nombreux vestiges médiévaux. Outre l'imposant mur d'enceinte restent une tour de contrôle, la Torre Guardiola, et l'une des portes de l'ancien château dite Tour civique. Il faut faire un tour également au Poggiarello, charmant quartier de petites maisons reconstruites après le tremblement de terre. La villa Marchionneschi, la villa Ridolfi et la villa Guerrini sont également intéressantes à voir.

Montescudaio est une étape essentielle sur la route des grands crus de Toscane.

Volterra

La cité fortifiée

Bordée de remparts, la commune de Volterra est perchée sur le plateau du même nom, à 550 m d'altitude. Elle est entourée par la rivière de l'Era et par la vallée de Cecina.

Volterra est l'une des plus belles villes médiévales de la Toscane. Elle reste aujourd'hui encore un haut lieu de l'artisanat d'art italien. Dès l'Antiquité s'y est en effet développé le travail de l'albâtre extrait dans des carrières proches. On trouve encore quelques ateliers et boutiques spécialisés en ville. Les épaisses murailles de la forteresse dominent la ville, ainsi que ses deux corps de bâtiments principaux, la « Rocca Vecchia » et la « Rocca Nuova ». L'ensemble est spectaculaire, et plutôt bien conservé. Les visiteurs pourront aussi admirer les vestiges du théâtre antique, et l'ancienne porte étrusque de la ville, Porta all'Arco. Sur la via don Minzoni, le musée étrusque Guarnacci regroupe des trésors archéologiques : mosaïques romaines, urnes funéraires et autres objets culturels retrouvés dans des nécropoles.

Tout en exercant une influence importante, la Renaissance n'a pas altéré le caractère médiéval et authentique de Volterra.

Livourne

L'autre port de Pise

Lorsque le port de Pise s'ensabla, la puissante voisine de Livourne vit dans ce petit village de pêcheurs un emplacement idéal pour en bâtir un nouveau. Pise s'empara donc de Livourne, la fortifia, y éleva un phare, et en fit un port prospère.

En 1421, Livourne fut acquise par Florence. Au siècle suivant, les Médicis confièrent à des architectes la mission de repenser la ville et ses fortifications selon les canons de l'époque. Livourne embellie devint à la fin du XIXe siècle un port franc. Après être passée sous la domination de plusieurs pays étrangers, Livourne, retournée dans le giron italien au XIXe siècle, perdit ce statut en 1881. Avec sa statue de marbre à l'effigie de Ferdinando I dei Medici cernée de ses quatre célèbres bronzes de Pietro Tacca représentant des pirates sarrasins emprisonnés et enchaînés, le Monumento dei Quattro Mori est l'un des symboles de la ville. La Fortezza Vecchia, ancienne base militaire, fut pendant plusieurs décennies le lieu de résidence de Francesco I dei Medici, elle accueille aujourd'hui des manifestations culturelles. Les amateurs de peinture visiteront la cathédrale, ainsi que le musée Giovanni Fattori. À noter le panorama exceptionnel offert depuis la terrasse Mascagni.

Le phare de Livourne fut bâti par la ville de Pise, qui transforma ce village de pêcheurs en un port prospère.

Ile d'Elbe

Une nature généreuse

Au large de la province de Grosseto, plusieurs îles composent ce que l'on nomme l'archipel toscan. Les principales sont Capraia, Gorgone, Pianosa, Montecristo et Elbe. Cette dernière est la plus grande.

À une dizaine de kilomètres des côtes italiennes, les 150 kilomètres de côtes de l'île d'Elbe offrent aux visiteurs des paysages enchanteurs et de jolies criques de sable fin. L'intérieur des terres présente des paysages boisés. La principale richesse de l'île est le métal. Depuis des siècles, on y extrait toutes sortes de minerais : du cuivre, du fer, mais aussi de l'étain et du plomb. Ses collines abritent également du marbre, du granit, et une curieuse matière, la calamite. Celle-ci se présente sous deux formes toutes deux bien utiles : la calamite blanche a longtemps servi de médicament, et la noire, capable d'attirer le fer, était utilisée dans les boussoles. Portoferraio est la « capitale » de l'île d'Elbe et fut le lieu d'exil de Napoléon Ier. On peut d'ailleurs encore y visiter sa résidence principale, la villa dei Mulini. Un masque funèbre et le moulage d'une de ses mains sont conservés au musée de la Miséricorde, au centre de la ville.

L'île d'Elbe offre des paysages boisés, des campagnes verdoyantes comme de jolies criques de sable fin.

Suvereto

Ruelles pavées et maisons de pierres

Situé à flanc de colline, Suvereto est un village médiéval typique. Outre l'agriculture et la viticulture, le tourisme a pris, ces dernières années, une part essentielle dans l'économie de la ville et des bourgs environnants.

Le centre historique de Sureveto est fermé par des fortifications pentagonales, ponctuées de huit hautes tours bien conservées. La Chiesa di San Giusto Vescovo, église construite au IXe siècle, offre une façade de style roman tout à fait étonnante, et mise en valeur par deux rangées de cyprès. Elle est jouxtée par un musée d'art sacré. Aujourd'hui en cours de restauration, la forteresse Rocca Aldobrandesca eut un rôle plus militaire que résidentiel. Sur la Via Piave, le visiteur pourra également découvrir le Palazzo comunale, bâtiment qui abrite la mairie et qui présente notamment un escalier, du XIIe siècle, de grand intérêt architectural. La Fontana degli Angeli, fontaine datant du IXe siècle, fait aussi partie des curiosités de la ville.

Le village de Suvereto recèle des ruelles pavées bordées de maisons de pierre pleines de charme.

Pitigliano

Tout simplement splendide

Le village de Pitigliano, perché sur sa haute falaise brune, ressemble de loin à un mirage. La vue que l'on a en s'en rapprochant est très certainement l'une des plus belles que peut offrir la Toscane.

La légende veut que le nom de la ville ait été formé à partir de celui des deux Romains qui l'auraient fondée, Petilio et Celiano. Le nom de Pitigliano apparaît sur des documents du XIe siècle, mais on sait que les Étrusques occupaient déjà l'endroit au VIIe siècle av. J.-C. À partir du XVIe siècle, Pitigliano fut une ville refuge où s'installèrent de nombreuses familles juives. L'atmosphère de tolérance qui régna entre les communautés chrétienne et juive valut à Pitigliano le surnom de petite Jérusalem. Planté sur la Piazza della Repubblica, l'imposant Palazzo Orsini date du XVIe siècle et abrite un musée d'art diocésain. Le Duomo a été construit au XVIe siècle, mais ses ornementations datent du XVIIe. Par ailleurs, le visiteur pourra s'attarder à la synagogue de la ville, construite en 1598, qui abrite notamment un musée de la culture juive. Le musée archéologique quant à lui, rassemble des pièces issues des fouilles de la nécropole étrusque de Poggio Buco.

Perché sur sa falaise, le village de Pitigliano offre un panorama des plus époustouflants.

Grosseto

La fortifiée

Derrière ses fortifications construites en moins de vingt ans par les Médicis, la petite ville de Grosseto regorge de trésors architecturaux.

Grosseto apparaît pour la première fois en 1138, dans le texte d'une bulle papale d'Innocent II. Sous la domination de Sienne dès le XIIe siècle, malgré plusieurs batailles et tentatives pour prendre son indépendance, Grosseto lui restera soumise jusqu'à ce que Florence prenne le pas sur Sienne. Les Medicis, au XVIe siècle, firent de la ville une forteresse et entamèrent les travaux qui allaient permettre d'assécher progressivement les terres marécageuses, mais ce fut avec l'avènement des Grands-ducs de Lorraine, au XVIIIe siècle, que la ville acquit une réelle autonomie dans la gestion de ses affaires publiques. La cathédrale San Lorenzo est sans conteste le plus beau monument de la ville. Sa construction ne fut pas une mince affaire : à maintes reprises, les travaux furent en effet perturbés par les combats que se livraient régulièrement Sienne et Grosseto, en lutte pour son indépendance. Commencée à la fin du XIIe siècle, la cathédrale fut achevée au XVe siècle.

Sur la façade de la cathédrale, de style roman, on remarquera des bas-reliefs illustrant des scènes de la vie médiévale.

Pistoia

Une des plus belles places d'Italie

Le nom originel de la ville, Pistoria, viendrait du latin *pistor* qui évoque le ou les moulins qui devaient se trouver sur son site antérieurement à l'apparition de la ville.

Au pied des montagnes, Pistoia a développé au fil des siècles une industrie du cuir et de la dentelle. L'arboriculture est l'un des piliers de l'économie locale. La ville est d'ailleurs connue pour les marchés aux fleurs qui y sont régulièrement organisés. Les environs de Pistoia sont réputés pour être relativement mornes, mais la ville, quant à elle, dispose de beaux monuments. La Piazza del Duomo est le principal site d'intérêt de la ville. Selon la mairie, il s'agirait de la cinquième plus belle place d'Italie. Comme son nom l'indique, elle abrite en premier lieu la cathédrale, reconstruite au XIIe siècle après un incendie, et dont le retable aurait nécessité deux siècles de travail. Le campanile, lui, domine la ville de ses 66 mètres de haut. Quant à la basilique Madonna dell'Umiltà, elle aurait été construite au XVIe siècle après la découverte « miraculeuse »; d'un portrait de la Vierge en pleurs.

Du haut de ses 66 mètres, le campanile surplombe la charmante Piazza del Duomo.

Cutigliano

Bourgade de caractère

Recensé par l'Association des plus beaux villages d'Italie, Cutigliano tire parti de son architecture médiévale et d'un environnement où il fait bon déambuler.

Cutigliano ne regorge ni de monuments, ni de musées. C'est un petit village où l'on ne se rend pas pour enchaîner les visites, mais seulement pour flâner un peu. La campagne environnante offre également d'agréables lieux de promenade. Cutigliano est un village de caractère aux traits moyenâgeux. Il est d'ailleurs, pour cela, référencé par l'association des plus beaux bourgs d'Italie. Six communes s'étaient associées avec Cutigliano pour édifier le Palazzo dei Capitani della Montagna, où l'on peut encore voir de riches blasons. L'église Chiesa di San Bartolomeo présente plusieurs peintures intéressantes, dont une scène de la nativité par Nicodemo Ferrucci, et *la Crucifixion* par Giovanni da San Giovanni. Dans l'église Chiesa della Madonna di Piazza, on peut admirer un tabernacle en terre cuite réalisé par Benedetto Buglioni.

© Steve McKay - Fotolia

La campagne environnante de Cutigliano offre de délicieux espaces de promenade.

Prato

De la finance au textile

Deuxième plus grande ville de Toscane derrière Florence, Prato fut durant la Renaissance une grande place financière, mais c'est l'industrie textile qui est sa principale ressource encore aujourd'hui.

Prato est l'une des plus grandes villes d'Italie. Son histoire commence au XIe siècle, lorsque les deux sites de Borgo al Cornio et Castrum Prati sont réunis. Dès le début du Moyen Âge se développe une activité qui prendra une part grandissante dans l'économie de la ville : l'industrie du textile. Au XIIe siècle, la ville s'entoure de murailles pour se protéger de la convoitise de Florence. Dans le même objectif, elle se place sous la protection de Naples, qui finira par la vendre, en 1351, à Florence. Au début du XVIe siècle, la ville fit les frais de la reconquête de Florence : sur leur chemin, les troupes des Médicis et de leurs soutiens tuèrent des centaines d'habitants de Prato. La ville est aujourd'hui une terre d'immigration, en particulier pour les populations d'origine chinoise. Le Duomo di Santo Stefano abrite une fresque exécutée par Filippo Lippi et la chaire, sculptée par Giovanni Pisano d'après l'œuvre de Donatello.

Recouverte de marbres blanc et vert, la façade gothique de la cathédrale de Prato comporte également une chaire remarquable.

Sienne

Richissime province

Si vous n'avez qu'une ville à voir en Toscane, voyez Florence, mais si vous ne devez visiter qu'une province, alors mettez le cap sur Sienne. Sa province est incontestablement la plus riche de toute la région.

On trouve à Sienne les plus beaux paysages, protégés par des réserves naturelles, et les plus beaux villages moyenâgeux. Sienne est également particulièrement riche en musées. La ville est classée au patrimoine mondial de l'Unesco qui y voit « un rêve gothique » et « l'incarnation de la ville médiévale ». Ce fut probablement l'empereur Auguste qui la fonda au Ier siècle avant notre ère. Située à l'écart des axes routiers stratégiques, Sienne connut une prospérité « tardive », sous le règne des rois lombards, à partir du VIIe siècle. La chance de Sienne fut de se situer sur la via Francegina, axe routier qui unissait l'Italie à la France, dont le passage garantit à la ville un commerce florissant, en particulier celui de la laine. Sa cathédrale est souvent jugée comme plus réussie encore que celle de Florence. Tôt, une rivalité naquit d'ailleurs entre les deux villes. Sienne fut absorbée par Florence en 1555. Ces changements politiques ne l'empêchèrent pas de continuer à prospérer.

La ville de Sienne s'impose comme la cité médiévale par excellence.

Sienne

Piazza del Campo

La Piazza del Campo est bordée de superbes édifices. Les briques rouges des palais côtoient les enduits un peu passés des façades des commerces. Incontestablement, Il Campo est une des plus belles places d'Italie.

La construction de cette place, au XIIIe siècle, a nécessité des moyens financiers et humains conséquents. Il a fallu acquérir des terrains, prévenir les inondations. Cette immense place elliptique très passante est aujourd'hui le cœur de la vie siennoise. Deux fois par an, son dallage de briques en chevrons est recouvert de terre pour la tenue du Palio de Sienne, tournoi médiéval au cours duquel s'affrontent les représentants des différents quartiers. La place est ornée de la Fonte Gaia, fontaine de marbre blanc réalisée au début du XVe siècle par Jacopo della Quercia. Imposant palais de style gothique en briques rouges, le Palazzo Pubblico est construit entre le XIIIe et le XVe siècle, sa tour, dite Torre del Mangia, domine la place, du haut de ses 102 mètres. Il est possible de monter en haut de la tour pour apprécier une vue des toits de la ville. Le dernier étage du Palazzo Pubblico est consacré au musée civique.

Deux fois par an, la place est recouverte de terre pour accueillir la célèbre course de chevaux du Palio.

Sienne

Piazza del Duomo

Il est impossible de dresser la liste de tous les monuments siennois dignes d'intérêt, mais parmi les incontournables, il nous faut citer la cathédrale Santa Maria Assunta et juste en face, l'hôpital Santa Maria della Scala.

La cathédrale Santa Maria Assunta a été édifiée sur le site où se trouvait un temple de Minerve, sur un point élevé de la ville. La construction a été achevée en 1215. Ensuite, la façade a été reprise, finement sculptée, par Giovanni Pisano. L'intérieur de la cathédrale est richement décoré. On remarque vite les deux cents têtes sculptées épinglées au mur : il s'agit des portraits de 36 empereurs et 172 papes. Le véritable chef-d'œuvre de la cathédrale est la bibliothèque, dite Libreria Piccolomini, construite pour Enea Silvio Piccolomini, qui devint Pie II. Elle est ornée de fresques relatant la vie de ce pape, réalisées par Le Pinturicchio, qui aurait été aidé de Raphaël. Le Spedale di Santa Maria della Scala était le plus vieil hôpital de Sienne, et pour cause, puisqu'il avait été fondé au IXe siècle. La légende raconte que l'initiative en serait revenue à un moine cordonnier qui souhaita dédier sa vie aux orphelins. Depuis 1992, l'hôpital se contente d'être un simple lieu d'exposition.

© Pat on stock - Fotolia

Les riches décors sculptés par Giovanni Pisano sur la façade de la cathédrale sont d'une finesse remarquable.

Montalcino

Au cœur des vignes

Plus connue pour ses crus de Brunello que pour ses richesses architecturales, Montalcino présente néanmoins beaucoup de curiosités à côté desquelles il serait dommage de passer.

Montalcino est connue des amoureux de la Toscane autant que des amateurs de vins. Le développement du tourisme a sorti la ville d'un certain marasme. Il faut dire que Montalcino bénéficie d'un cadre exceptionnel. Juchée sur un coteau, elle domine des collines d'oliviers et surtout de vignes. Montalcino est en effet au cœur de la production du vin renommé de Brunello. Construite au XIVe siècle, sa forteresse possède une architecture militaire. Dans son enceinte, on peut y voir les vestiges de la basilica. En contrebas de la forteresse, la Piazza del Popolo est la place principale de la ville. Le Palazzo comunale s'y dresse. À proximité, se trouve la Loggia, un édifice formé de six arches de style Renaissance. On peut voir à la Chiesa San Francesco des fresques de grand intérêt, peintes au XVIe siècle par Vincenzo Tamagni, artiste de San Gimignano.

Cernée par les vignes, la ville de Montalcino est un haut lieu de la production viticole italienne.

Montepulciano

Les invasions barbares

Au cœur de la province de Sienne, Montepulciano est un bijou d'architecture Renaissance qui a toujours énormément impressionné ses visiteurs… et les amateurs de bon vin.

Les invasions barbares du VIe siècle ont jeté des populations entières sur les routes, à la recherche d'un nouveau lieu de vie. C'est ainsi que fut fondée Montepulciano. Mais ses habitants ne trouvèrent guère la paix : pendant des siècles, Sienne et Florence s'affrontèrent pour récupérer Montepulciano qui fut finalement intégré au XVIe siècle à l'État florentin. Aujourd'hui, ce village est l'un des plus connus de la Toscane. Ses imposantes fortifications en font un site remarquable, de même que le vin, Vino Nobile, que l'on y produit. La Piazza Grande est le cœur historique de la ville. Cette place concentre les principaux monuments : le Duomo Santa Maria Assunta, cathédrale du XVIIe siècle ; le Palazzo comunale et sa superbe vue sur Montepulciano que l'on a depuis sa tour ; le Palazzo Nobili-Tarugi ; le Palazzo del Capitano et le Palazzo Contucci.

L'écrivain Paul Bourget décrivait Montepulciano comme un « véritable bijou de guerre d'une joliesse féroce ».

Pienza

La ville idéale

Passée au XVe siècle de simple bourgade au rang de résidence épiscopale, Pienza peut encore aujourd'hui se targuer d'être une ville modèle de la Renaissance italienne.

Pienza ne doit son essor et sa beauté qu'à un seul homme : le pape Pie II qui vit le jour dans la ville. Au XVe siècle, il entreprit de faire de Pienza une ville idéale, selon une conception croisant les principes de l'humanisme et les préoccupations urbanistiques. L'œuvre qui naquit de cette démarche, conduite par l'architecte Rossellino, est si représentative de la Renaissance et a été si bien préservée au fil des siècles, qu'elle a valu à Pienza un classement au patrimoine mondial de l'Unesco en 1996. La Piazza Pio II est un superbe exemple de l'architecture de la Renaissance. Au-dessus des pavés disposés en chevrons, s'élèvent de remarquables monuments comme la Cattedrale dell'Assunta, le palais Piccolomini, du nom du pape Pie II, ou le Palazzo Vescovile, édifié pour le cardinal Rodrigo Borgia, futur pape Alessandro VI. Corso Rossellino est l'artère historique principale de Pienza. Elle relie les deux portes principales de la ville.

© mmmg - Fotolia

Éclatant exemple de la Renaissance, la Piazza Pio II participe de sa réputation de « ville idéale ».

San Gimignano

Plus d'une tour dans son sac

Des murailles et des tours surgissant d'une mer d'oliviers : vous êtes arrivé à San Gimignano, l'une des villes les plus pittoresques de Toscane.

En hommage à l'évêque de Modène qui sauva la ville des barbares, la ville de San Gimignano prit son nom. Située sur la via Francigena, importante voie de communication, la ville prospéra dès le Moyen Âge. Sous l'influence des grandes cités de Toscane, et au premier chef de Florence, sous la domination de laquelle elle passa au XIVe siècle, San Gimignano vit son architecture évoluer. Si la ville est devenue l'un des sites les plus touristiques de Toscane, c'est pour ses hautes tours qui lui donnent un relief unique. Les maisons-tours sont courantes dans la région, mais San Gimignano a la particularité d'en compter 14. Édifiées entre le XIe et le XIIIe siècle, elles furent jusqu'à 75 au Moyen Âge. La ville est close par une enceinte de 2 km. Construite au XIIe siècle, l'église présente des fresques intéressantes dont *Le Jugement dernier* de Taddeo di Bartolo. Toujours Piazza del Duomo, le Palazzo del Popolo abrite la mairie et sa loggia, ornée de trois fresques remarquables.

Les hautes tours dressées au cœur de la ville donnent à San Gimignano un relief unique.

Sant'Antimo

Et Charlemagne vit l'ange…

Fermée au XVe siècle après que Sienne l'a dépossédée de ses terres, cette abbaye a connu une complète renaissance près de cinq siècles plus tard, avec le retour d'un petit groupe de moines.

Le très simple, mais superbe ensemble de pierre blonde qui compose l'abbaye de Sant'Antimo se dresse en plein Val d'Orcia, sur un site isolé, près du village de Castelnuovo dell'Abate. La légende attribue la naissance de ce lieu à un acte de dévotion de Charlemagne. Ses troupes étant frappées par la peste, il aurait eu la vision d'un ange qui lui aurait soufflé la recette d'une infusion miracle qui parvint à soigner ses hommes. La vérité historique est visiblement bien différente : des vestiges archéologiques attestent de la présence d'un lieu de culte bien antérieur à la période carolingienne. Une église primitive aurait en fait été érigée en mémoire du martyr subi par Sant'Antimo d'Arezzo au IIIe siècle. Très ouvert aux touristes, son monastère séduira tout particulièrement les visiteurs mélomanes puisque les offices, auxquels on peut assister, sont entrecoupés de chants grégoriens.

Au creux des collines toscanes, cernée d'oliviers et de cyprès, l'abbaye de Sant'Antimo est une construction très épurée.

Monte Oliveto Maggiore

Abbaye bénédictine

Fondée en 1313, cette abbaye de briques rouges jaillissant des crêtes siennoises recèle dans son cloître, son église et sa bibliothèque des trésors artistiques du Quattrocento.

L'abbaye de Monte Oliveto Maggiore est la maison mère de la congrégation bénédictine olivétaine de l'Église catholique. Au sud de Sienne, elle s'élève en plein cœur de la région aride des Crete Senesi. Elle surgit au milieu de nulle part, sur un promontoire rocheux, boisé de chênes, d'oliviers et de cyprès d'un côté, descendant à pic, nu et presque blanc de l'autre. Sa forme extérieure est simple, imposante, massive même. Ses murs beige rougeâtre composent un ensemble à la géométrie compliquée. Le lieu doit son existence à un aristocrate siennois, Bernardo Tolomei. Un rêve dans lequel la Vierge lui était apparue lui inspira le désir d'une vie d'ermite, qu'il ne mena cependant pas seul, mais avec deux compagnons. Y sont à voir : l'église, pourvue notamment d'un crucifix en bois datant de la fondation de l'abbaye, un majestueux cloître, orné de 36 fresques narrant la vie de saint Benoît, et la bibliothèque.

L'abbaye Santa Maria de Monte Oliveto Maggiore s'élève au cœur des crêtes siennoises, en marge du désert d'Accona.

Anghiari

La fresque perdue

Siège d'une bataille entre Florentins et Milanais, Anghiari est restée dans l'histoire grâce à une fresque aussi mystérieuse que légendaire.

Anghiari doit sa célébrité à Léonard de Vinci. Le maître exécuta une fresque, pour décorer la salle du grand conseil du Palazzo Vecchio, rappelant la bataille dont la ville fut le théâtre entre Milan et Florence. Cette bataille, survenue en 1440, ne fut pourtant ni la plus longue, ni la plus meurtrière. Sur le plan pratique, ses conséquences furent finalement minimes, mais elle fut en revanche utile sur le front de la « communication politique ». Pour l'anecdote, sachez que cette fresque a aujourd'hui disparu pour des raisons qui font encore débat. On n'en a la connaissance que par une œuvre de Rubens, exposée au Louvre. Trois portes percées dans des murs d'enceinte des XIIe et XIIIe siècles permettent de pénétrer dans Anghiari. À l'origine du développement de cette ville, se trouve une communauté religieuse, qui modela son visage au XIe siècle. L'architecture du monastère de la ville, San Bartolomeo, fut ultérieurement modifiée pour donner au bâtiment un caractère défensif.

Le village médiéval fortifié fut le théâtre de la célèbre bataille d'Anghiari en 1440, opposant les Milanais et les Florentins.

Arezzo

Sur les traces des Étrusques

C'est à Arezzo que fut retrouvée la fameuse Chimère étrusque conservée au Musée archéologique national de Florence. Mais les ressources historiques de cette ville ne s'arrêtent pas là…

Arezzo aurait été l'une des principales villes de Toscane à l'époque étrusque. De nombreux vestiges attestent en effet de l'intense activité humaine sur ce site : des pièces de poterie étrusque provenant d'Arezzo ont en effet été retrouvées jusqu'en Inde. Passée sous domination romaine, la ville continua à prospérer. Plus tard, au XVIIIe siècle, la ville s'illustra dans la résistance contre l'invasion des troupes napoléoniennes. Construite hors des murs de la ville, la Cattedrale di San Donato fut achevée au XVIe siècle. On lui adjoint un clocher trois siècles plus tard. La Piazza Grande est un concentré de Toscane. Le long de cette place, s'alignent : l'église paroissiale romane Santa Maria, le Tribunal, de style baroque, et le Palazzo delle Logge, de style Renaissance. Il ne reste pas grand-chose de la période romaine d'Arezzo, mais les ruines de l'Anfiteatro romano, un amphithéâtre romain elliptique, prouvent l'importance de la ville à cette époque.

Bâtie au sommet de la colline de la ville, la cathédrale di San Donato est érigée sur les ruines de l'ancienne acropole.

Cortona

Un important patrimoine

Petite ville d'architecture médiévale, Cortona recèle sur son territoire de nombreux trésors artistiques, de la civilisation étrusque à la peinture de la Renaissance.

Écrivain natif de la ville, Pietro Pancrazi la dépeint de façon flatteuse : « *Ici,* écrit-il, *tout est ciel et terre. De San Francesco à San Niccolo, de porte Montanina à porte Berarda, les vieux murs sont tranchants comme des épées.* » Importante ville étrusque, Cortona, cédée par le roi de Naples à Florence, vécut ensuite à son rythme. Le Palazzo Casali est le monument essentiel de la ville. Édifié au XIIIe siècle, il fut la résidence de la famille du même nom, la plus puissante de la ville. Sa façade n'est cependant pas d'origine : elle a été profondément modifiée au XVIIe siècle. Le palais concentre aujourd'hui plusieurs musées et sites d'intérêt : le musée de l'académie étrusque, la bibliothèque et les archives de la ville. Le musée diocésain abrite également quelques chefs-d'œuvre : la remarquable *Annonciation* de Beato Angelico ou *La Déposition et la Communion des apôtres* par Luca Signorelli.

© Juergen Schonnop - Fotolia

Le Palazzo Comunale de Cortona a été érigé sur les ruines du forum de la ville romaine.

Poppi

Ancienne capitale

Petit village encastré au sein d'une vallée, Poppi peut pourtant se prévaloir d'avoir été des siècles durant une importante capitale politique.

Au centre de la vallée du Casentino, Poppi est mentionnée pour la première fois sur des documents écrits au XIIe siècle. Sous l'influence de Guido Bevisangue, comte de Poppi, la ville devient, à la fin de ce siècle, la capitale politique du Casentino. Au XVe siècle, le comte de Poppi a l'imprudence de soutenir Milan, alors en lutte contre Florence. La réponse de celle-ci ne se fait pas attendre : les Guidi sont chassés de Poppi, et la ville entre dans l'orbite de Florence. À partir de ce moment, l'histoire de Poppi se confond avec celle de sa prestigieuse voisine. Il en sera ainsi jusqu'à l'unification du Royaume d'Italie, au XIXe siècle. Assez simple dans son architecture, le château domine la vallée avec sa haute tour qui est l'élément le plus ancien de l'ensemble. On pense qu'il a été construit entre le VIIIe et le IXe siècle. Il a été la résidence des influents comtes Guidi. À côté du château, il faut prendre le temps de visiter la chapelle, ornée des fresques de Taddeo Gaddi.

La haute tour du château des comtes Guidi surplombe la vallée du Casentino.

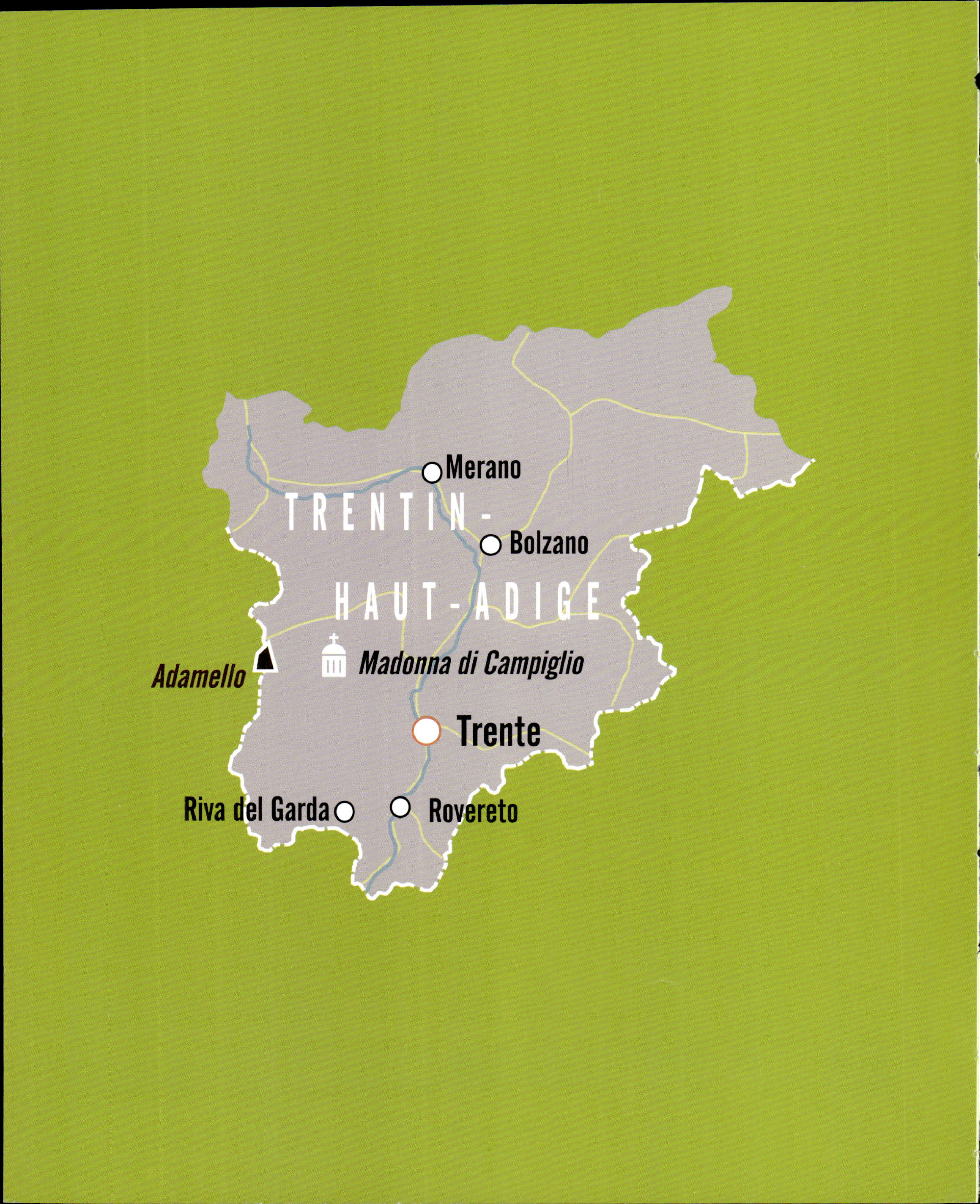
Merano
TRENTIN-
HAUT-ADIGE
Bolzano
Adamello
Madonna di Campiglio
Trente
Riva del Garda
Rovereto

Trentin
Haut-Adige

Bolzano

Flânerie dans le Tyrol italien

Bolzano, c'est en quelque sorte la porte des Dolomites. Calée au fond de la vallée de l'Adige, à l'extrémité septentrionale de l'Italie, cette ville bilingue – 25 % des habitants sont germanophones – se situe aux confins de la Suisse et de l'Autriche.

Dans la langue de Goethe, cette bourgade du sud du Tyrol, région cyclotouriste parcourue par une Route des vins, se nomme Bozen. Outre son terroir vinicole à découvrir au musée du Vin de la proche Caldaro, la ville est réputée pour son marché de Noël, thématique à rapprocher de l'autel de la Nativité placé dans la Chiesa dei Francesci (XIVe siècle) jouxtant un cloître dont les voûtes ont reçu des fresques de l'atelier de Giotto. L'imposant *duomo* de grès rose chapeauté d'un clocher gothique à pointe dentelée est flanqué d'un étonnant portail du vin. Avec son décor de treilles foisonnantes, ce porche sculpté rappelle qu'autrefois seule l'Église disposait ici du privilège de revendre le produit des vendanges… Après avoir arpenté les pavés de la coquette Piazza Walther, il ne faut pas manquer de rendre visite au célèbre Ötzi. Cette momie trouvée dans le glacier de Similiaun repose au musée des Sciences naturelles. Alentour, les pyramides de terre de Renon sont une autre curiosité, géologique cette fois.

Au cœur des montagnes, le centre de Bolzano invite à musarder, d'arcades en petites places, et à admirer le décor à fresque des façades néoclassiques.

Dolomites

Merveilleux massif coralien

Depuis 2099, les Dolomites figurent au tableau d'honneur de l'Unesco. Souverain des Préalpes orientales méridionales, ce massif couronne le nord de l'Italie et s'étend même jusqu'aux limites septentrionales de la Slovénie et à l'extrême sud de l'Autriche.

Emblème du Trentin-Haut-Adige, les grandioses Dolomites se sont formés dans des temps antédiluviens. Ils n'étaient alors qu'une barrière de corail dans le paléo-océan de la Téthys. Ces récifs de calcaire pétrifié ont donc une origine marine, chose difficile à imaginer aujourd'hui, à les voir solidement enchâssés dans les Préalpes. Pour en témoigner, restent les nombreux fossiles que l'on trouve dans ses vallées… Jusqu'à ce qu'au XVIIIe siècle le géologue français Déodat de Dolomieu ne l'étudie, cet éventail rocheux portait le nom de *monts Pâles*. Ces parois qui peuvent paraître atones rougeoient pourtant au crépuscule : sous les feux du soleil, le massif s'embrase dans des effets dignes de la pyrotechnie. De Bolzano à la station de Cortina d'Empezo, un circuit permet d'en apprécier la majestueuse beauté. À proximité du glacier de Marmolada, sommet de ce paradis des grimpeurs, le téléphérique de Malga Ciapela constitue un belvédère de choix, tout comme le col de Sela et les truculents villages du Val Gardena.

Le « récif » ardent des Dolomites dans le dos de la très bucolique Santa Maddalena, église solitaire de San Giovanni in Ranui, dans le val de Funes.

Madonna di Campiglio

Prestigieuse flèche tendue sur l'arc alpin

En plein cœur du parc naturel Adamello Brenta, lovée entre le massif d'Adamello-Presanella et les dolomites de Brenta, qui ont donné leur nom à ce territoire protégé, la chic station de Madonna di Campiglio s'élève à 1550 mètres d'altitude.

Créée à la fin du XIXe siècle, Madonna di Campiglio est une villégiature recherchée. L'atmosphère a sans doute quelque peu changé depuis l'époque où l'impératrice Sissi et l'empereur François-Joseph y séjournèrent, mais son esprit demeure très élégant et il n'est pas rare d'y croiser quelques célébrités venues y prendre un bol d'air frais et de mondanité. Après tout, la cosmopolite Saint-Moritz n'est pas si loin... Avec 150 kilomètres de pistes de descente, 40 kilomètres de sentiers pour la randonnée nordique et un parc géant – 50000 mètres carrés ! – dédié aux snowboardeurs, le domaine skiable, grimpant jusqu'à 2600 mètres d'altitude, entretient son excellence réputation. Le tourisme estival s'appuie sur la multitude de chemins pédestres qui sillonnent son paysage et sur l'escalade sous les tours façonnées par l'érosion du Campanile Basso, monolithe vertical planté dans le décor minéral des dolomites de Brenta. Insolite : en été, une algue fait devenir écarlates les eaux du lac de Tovel.

À Madonna di Campiglio, les sportifs aguerris peuvent se mesurer à l'une des pistes utilisées lors des championnats du monde de ski alpin.

Merano

Une histoire d'eau et de princesses

Clémence des températures et sources curatives font de la station thermale de Merano une oasis alpine. Ville au charme suranné, elle invite à la balade au fil de l'eau, du jardin botanique du château Trauttmansdorff à la demeure des princes du Tyrol.

Sissi l'impératrice était une fidèle du comté du Burggrafenamt. Elle résida 2 fois au château Trauttmansdorff, qui accueille maintenant le musée du Tourisme du Tyrol du Sud retraçant la success-story de cette bourgade dédiée au repos et à l'agrément. Considéré comme l'un des plus somptueux d'Europe, le jardin botanique qui se déploie aux pieds de l'auguste bâtisse couvre 12 hectares. L'exotisme émanant de ces plantations ponctuées de cascades et de pièces d'eau est la meilleure des réclames pour vanter la douceur du climat, étonnamment méditerranéen si l'on considère les montagnes alentour et la station de Merano 2000, à portée de remontées mécaniques. Les princes du Tyrol séjournaient souvent en leur Castello Principesco (XIVe-XVe siècle) et le centre possède un petit cachet moyenâgeux aux abords de la Untermaiser Pferderennplatz, de la via Portici et du *duomo* gothique de San Nicolò. Respectivement exposée au sud ou ombragée, les promenades d'hiver et d'été sont joliment rétro.

Sur la promenade longeant le torrent Passirio, le pavillon des Fleurs et la maison de cure érigée en 1874, des bijoux de l'architecture thermale.

Riva del Garda

Entre vague à l'âme et sports nautiques

Au nord-ouest du lac de Garde, le plus grand d'Italie, Riva est une destination sophistiquée. Sous les cloisons pierreuses des monts Brione et Rocchetta qui l'encadrent, Riva est une station balnéaire teintée de nostalgie autrichienne.

Après être passée entre les mains de la république de Venise, de l'évêché de Trente puis de Napoléon (qui portait alors le titre d'empereur des Français et roi d'Italie), la ville de Riva fut un siècle durant rattachée à l'Empire austro-hongrois (1815-1918) avant d'intégrer le royaume d'Italie. La couleur pastel des façades en est une trace sensible, réminiscence d'un passé lentement tissé et entremêlé d'influences diverses. Ceint de murailles et de portes, le centre possède une belle apparence médiévale. Gardée par la tour Apponale (XIIIe siècle), totem défensif au-dessus duquel un ange fait la girouette, insolemment perché à 34 mètres du sol, la Piazza du III Novembre, cernée d'arcades (XIVe siècle), accueille le Palazzo Pretorio (XIVe siècle). En bordure du lac, l'ancien fort de la Rocca des Scaliger (XIIe siècle) ajoute à ce tableau gracieux. Sur la pièce d'eau du Garda, ces attraits culturels sont éclipsés : voile, planche à voile, kitesurf, mais aussi VTT, canyonisme et escalade interpellent les sportifs.

© helenos - Fotolia.com

À Riva, le lac de Garde forme un admirable miroir pour les montagnes qui, protégeant la ville, lui garantissent un climat remarquablement doux.

Rovereto

Bienvenue dans la galaxie culturelle du MART

Avant que ne s'y installe le génial MART – entendez le musée d'Art moderne et contemporain de Trente et de Rovereto –, cette ville s'est illustrée comme centre de production de la soie. Elle fut aussi durant la guerre de 1914-1918 le théâtre de terribles combats.

Au sud de Trente, la vallée Vallagarina dessine un terroir verdoyant. Les vins ont une excellente réputation, mais ce n'est rien au regard de la sériciculture introduite par les Vénitiens (XVe siècle). L'élevage de vers à soie a offert à l'ancienne forteresse une certaine opulence. Dominant les environs, le château des comtes de Castelbarco (XIIIe-XIVe siècle) a bénéficié de beaux agrandissements à la Renaissance. Devenu le siège du musée historique de la Guerre, il entre en résonance avec le proche sanctuaire militaire de Castel Dante, où les dépouilles des soldats tombés au combat reposent. Symbole de paix, l'énorme cloche Maria Dolens résonne chaque jour en souvenir des morts. Depuis l'effervescence intellectuelle impulsée sous la domination austro-hongroise, la ville bouillonne de festivals dont celui du film archéologique : des empreintes de dinosaures ont été trouvées ici. Dessiné par Mario Botta, le MART perpétue cette tradition culturelle en exposant les toiles de Chirico, Balla, Morandi, Fontana…

Traversé par l'Adige et coiffé d'un castel, Rovereto fut un bastion important, autrefois placé entre le diocèse de Trente et la république de Venise.

Trente

Son conte est bon

La petite histoire de Trente a brillamment nourri la grande. Chef-lieu de la province autonome éponyme, cette ville d'art cernée de montagnes est connue pour avoir abrité le célèbre concile (1545-1563) dont procéda le mouvement de la Contre-Réforme.

Fondée par les Romains, Tridentum tire son nom des monts Bondone, Calisio et Marzola qui, en se dressant comme un décor de théâtre en son dos, forment un trident rocheux. La fontaine de Neptune – roi des eaux affublé d'un tel sceptre – trône sur la place du Dôme, soulignant l'antique exégèse. La cité se blottit dans une boucle de l'Adige où Auguste établit un port fluvial. Au confluent des vallées qui mènent du Brennero aux Dolomites, de Vérone à l'Autriche et du lac de Garde à Venise, Trento est marquée par son glorieux passé. Dans les souterrains, canalisations et mosaïques romaines sont visibles. Entouré de murailles, le château du Bon Conseil (XIIIe-XVIe siècle), décoré d'un beau cycle des Mois (XVe siècle), fut la demeure des puissants princes-évêques. Les rues Belenzani et Manci alignent les palais Renaissance et baroques tandis que la cathédrale Saint-Virgile (XIe-XVIe siècle) s'enorgueillit d'avoir accueilli le concile de Trente organisé par l'Église catholique pour contrer le protestantisme.

Piazza del Duomo, un triton de la fontaine de Neptune gargouille face aux fresques qui habillent les splendides maisons Rella.

Auteurs : Claudine Penou, Sonia de Sousa

EDITIONS ESI

60, rue Vitruve, 75020 Paris
Imprimé en Italie par Gruppo Editoriale Zanardi

ISBN : 978-2-35355-973-2
N° Sofedis : S492761